Hannah Klümper

CAT CALLS

Auch Worte sind Belästigung

W0052478

dtv

Inhaltsverzeichnis

1

HELLO BEAUTIFUL!

»Hey Puppe!«, »Wie viel kostest du?« oder »Geiler Arsch!« – das alles sind Sprüche, die Menschen täglich auf der Straße hinterhergerufen werden. Meist trifft es Mädchen und Frauen oder diversgeschlechtliche Personen. Vielleicht musstest du dir auch schon solche Sachen anhören. Vielleicht hat dir niemand geholfen oder etwas dagegen gesagt. Vielleicht hat sogar jemand dieses Verhalten mit einem »Ist doch nichts passiert!« verharmlost oder entschuldigt. *Aber auch Worte sind Belästigung!* Betroffene fühlen sich durch solche Sprüche häufig verunsichert, bedroht und nicht zuletzt entwertet und hilflos. Viele sind noch sehr jung, wenn sie zum ersten Mal belästigt werden. Oft denken sie, es sei ihre eigene Schuld und sie wären ganz allein damit. Aber das stimmt nicht!

>> Ich war 15, es war mein erster Arbeitstag in einer Bäckerei und ich war total aufgeregt. Ich hatte lange überlegt, was ich anziehen wollte, und mich für ein Kleid und Schuhe mit Absätzen entschieden.

Ich erinnere mich genau an den Weg von der New Yorker U-Bahn-Station zur Bäckerei – zu Fuß eine Strecke von etwa zehn Minuten. Mir kam es so vor, als ob jeder Mann, an dem ich vorbeiging, irgendeine Bemerkung äußerte.

Ein Mann sagte ›good morning‹ und musterte mich von oben bis unten. Der nächste sagte ›hello beautiful‹, wieder ein anderer kommentierte nur ›sexy‹. Und so ging es weiter. Ich hatte das Gefühl, dass ich mit diesen Äußerungen bombardiert wurde. Ich fühlte mich sehr unwohl.

Ich fing an zu überlegen, ob irgendetwas mit mir nicht stimmte. Vielleicht war mein Kleid zu kurz? Oder vielleicht machte ich irgendwas, was diese Kommentare provozierte? Ich dachte, es MUSS an mir liegen. Was bringt diese Männer dazu?

Ich war verwirrt und völlig überwältigt. Ich wusste nicht, was ich sagen sollte. Ich wusste nicht, ob ich mich bedanken sollte. Uns wird beigebracht, dass wir uns für Komplimente bedanken sollen. Aber ich habe mich bei diesen Äußerungen unwohl gefühlt und konnte sie überhaupt nicht einordnen.

Ich brauchte eine Weile, um wütend zu werden.

Name Sophie Sandberg
Pronomen sie/ihr
Beschreibung Sophie macht als Straßenkünstlerin und Aktivistin für Geschlechtergerechtigkeit auf Belästigung im öffentlichen Raum aufmerksam.

Sophies Kampf gegen Catcalling

Auch Sophie Sandberg war noch minderjährig, als sie ihre erste Erfahrung mit belästigenden Sprüchen machte. Doch erst Jahre später erkannte sie die gesellschaftlichen Strukturen hinter diesem Problem und beschloss, etwas dagegen zu unternehmen. Als Studentin an der New York University bekam sie die Aufgabe, ein Thema auf Social Media zu dokumentieren. So kam sie auf die Idee, den Instagram Account @catcallsofnyc zu gründen, um gegen das sogenannte »Catcalling« zu kämpfen.

Aber was genau ist eigentlich Catcalling? Im engeren Sinne bezeichnet man damit unerwünschte, meist unhöfliche und abwertende Äußerungen von völlig fremden Menschen im öffentlichen Raum – häufig eindeutige sexualisierte Äußerungen oder Anspielungen. Manche denken, dass verbale Belästigung »nicht so schlimm« sei, weil die belästigte Person dabei körperlich nicht zu Schaden kommt. Aber Catcalling sorgt für Unsicherheit und Angst – und immer wieder bleibt es nicht bei Worten. Auch körperlich übergriffiges Verhalten, zum Beispiel unerwünschte Berührungen, zählt im erweiterten Sinne zu Catcalling. Der Begriff bezeichnet also allgemein Belästigung im öffentlichen Raum – egal, ob verbal oder körperlich.

Aber was können wir gegen Catcalling tun? Zunächst einmal brauchen wir dringend Aufklärung und Austausch zum Thema Belästigung in der Öffentlichkeit. Denn nicht jede:r weiß, dass Catcalling passiert – weil nicht alle Menschen gleichermaßen betroffen sind und weil nicht darüber gesprochen wird. Und genau das zu ändern ist das Ziel der *Catcalls*-Gruppen auf Instagram.

>> Zwischen meiner ersten Erfahrung mit Catcalling und der Gründung von @catcallsofnyc vergingen einige Jahre, in denen ich immer wütender wurde.

Ich war so genervt von diesen Bemerkungen. Es machte mich wütend, dass sie mich zum Schweigen brachten, und es machte mich wütend, dass Catcalls mir das Gefühl vermittelten, ich sei ein Objekt. Es machte mich wütend, dass ich mich jedes Mal wie gelähmt fühlte.

Die Belästigungen hörten einfach nicht auf. Catcalling war (und ist) ein fortwährendes alltägliches Problem – aber niemand redete darüber! Ich musste irgendwie einen Weg finden, etwas zu tun.

Mir geht es nicht darum, bestimmten Menschen die Schuld an Catcalling zu geben. Ich hatte zwar zuerst die Idee, Fotos von Catcallenden zu machen und sie öffentlich bloßzustellen. Aber dann wurde mir klar, dass es zu kurz greifen würde, das Verhalten Einzelner anzuprangern, da Catcalling ein gesellschaftliches Problem ist.

Um dieses Problem anzugehen, müssen wir darüber sprechen: über die Erlebnisse von Betroffenen, über dieses Verhalten, und zuallererst darüber, dass es Catcalling gibt. Dazu möchte ich mit @catcallsofnyc aufklären und eine Diskussion anstoßen. **«**

Catcalls durch #Ankreiden sichtbar machen!

Catcalls of NYC ist ein Instagram Account, der Aufmerksamkeit auf Belästigung im öffentlichen Raum lenkt. Dafür sammelt Sophie Catcalls, die ihre Follower:innen erlebt haben. Diese Vorfälle schreibt sie dann genau dort, wo sie sich ereignet haben, in großen Kreidebuchstaben auf die Straße, sodass jede:r, der:die dort vorbeigeht, sie sehen kann – zumindest bis zum nächsten Regenguss.

Außerdem macht sie Fotos von den angekreideten Catcalls und teilt sie auf Instagram, zusammen mit den Geschichten, die dahinterstecken. So hält sie fest, was alltäglich auf den Straßen New Yorks gesagt und getan wird. Sophies Ziel ist es zu zeigen, was genau Catcalling ist, wie vielen Menschen es passiert und wie problematisch es ist.

» Mit @catcallsofnyc möchte ich Betroffenen die Möglichkeit und den Raum geben, ihre Erlebnisse mit anderen zu teilen und sich so nicht länger allein fühlen zu müssen. Der Instagram Account ist für mich eine Community, in der Erfahrungen geteilt und gelesen werden können. Hier kann genau der Austausch stattfinden, den ich damals gebraucht hätte. **«**

Sophie möchte, dass die Betroffenen sich nicht fragen müssen, was sie falsch machen, sondern durch den Austausch mit anderen erkennen können, dass sie nicht daran schuld sind, wenn sie in der Öffentlichkeit – oder irgendwo anders – Belästigung erleben. Denn das Problem ist das Verhalten der Menschen, die catcallen.

Ankreiden ist übrigens kein neues Phänomen: Schon im frühen 20. Jahrhundert haben Frauenrechtskämpfer:innen Kreide-Graffiti genutzt, um das Wahlrecht zu erlangen.

Die Bewegung wird international

Aber Catcalling ist nicht nur in New York ein Problem, sondern weltweit: Auf 6 Kontinenten, in 51 Ländern und an rund 300 Orten kämpfen junge Menschen für einen gleichberechtigten Zugang zum öffentlichen Raum (Stand Dezember 2021). Mit dabei sind zum Beispiel *Catcalls of London*, *Catcalls of Cairo* und *Catcalls of Delhi*, aber auch Universitäts- und Schulgelände wie *Catcalls of Sussex Uni* oder *Catcalls of Fort Hamilton High School*.

Seit Februar 2019 gibt es die Bewegung mit *Catcalls of Berlin* und *Catcalls of Bremen* auch hier – und mittlerweile hat Deutschland mit 121 Orten die meisten Accounts weltweit. Alle Accounts stehen im ständigen Austausch miteinander über nationale und inter-

nationale WhatsApp-Gruppen und Zoom-Gespräche. Aus *Catcalls of NYC* ist so die intersektional-feministisch arbeitende *Chalk-Back*-Bewegung erwachsen, die seit 2020 auch eine internationale Non-Profit-Organisation mit Sitz in New York ist. *Chalk Back Deutschland* ist eine offizielle Untergruppe von *Chalk Back Inc.* und seit 2022 auch ein eingetragener Verein.

➡ Im *Glossar* findest du Definitionen von Begriffen, die du vielleicht noch nicht kennst.

💡 »Chalk Back« ist ein Wortspiel mit dem englischen Ausdruck »talk back«, nämlich Widerworte geben. »Chalk« bezeichnet dabei die Art und Weise, wie diese Widerworte gegeben werden – in Kreidebuchstaben!

➡ Unter diesem *QR Code* findest du die Instagram-Namen aller Accounts und Karten dazu, wo es sie überall gibt (Stand Dezember 2021).

Sophies Beispiel zeigt: Wir jungen Menschen haben die Macht, gesellschaftliche Probleme anzugehen, die uns in unserem Alltag begegnen. Wenn du auf der Straße belästigt wirst, musst du dich nicht länger hilflos oder allein fühlen. Du kannst den Catcall einsenden und von deiner Erfahrung berichten. Du kannst Teil einer internationalen Bewegung werden, die aktiv gegen sexualisierte Belästigung im öffentlichen Raum kämpft. In diesem Buch kannst du die Erfahrungen, Gedanken, Ratschläge und Mut machenden Worte von anderen Betroffenen und Aktivist:innen lesen und erfahren, was hinter Catcalling steckt und wie du damit umgehen kannst. Du kannst jetzt anfangen, selbst etwas zu verändern!

2
WAS IST CATCALLING?

In den Instagram-Kommentaren auf den *Chalk Back* Accounts tauchen immer wieder dieselben Fragen und Anmerkungen zu Catcalling auf. In diesem Kapitel findest du Antworten darauf. Rosalía Piña Vélez von *Catcalls of Dominican Republic,* die sich an der Uni mit Catcalling auseinandergesetzt hat, beantwortet die etwas theoretischeren Fragen. Ihre Antworten erkennst du an den violetten Anführungszeichen.

Name Rosalía Piña Vélez
Pronomen sie/ihr
Beschreibung Rosalía ist eine 24-jährige Dominikanerin, die in der Kommunikations- beratung und als Aktivistin für Geschlechter-

gerechtigkeit arbeitet. Sie engagiert sich ehrenamtlich in Initiativen, Bildungskampagnen und Bewegungen, die sich mit Menschenrechten, Geschlechtergleichstellung und sozialen Themen befassen, darunter auch *Catcalls of Dominican Republic*.

>> Ich habe meine Abschlussarbeit an der Uni über sexualisierte Belästigung im öffentlichen Raum geschrieben, wozu ja auch Catcalling gehört. Dazu habe ich eine Reihe von Expert:innen aus unterschiedlichen Bereichen, zum Beispiel Soziologie, Anthropologie, Psychologie, Geschlechterforschung und Sexualwissenschaft befragt. Aus diesen Gesprächen konnte ich einige interessante Schlussfolgerungen dazu ziehen, warum und wie diese Verhaltensweisen gesellschaftlich verbreitet und aufrechterhalten werden und welche Folgen sie für Betroffene, aber auch eine Gesellschaft allgemein haben. <<

Was ist Catcalling?

»Catcalling« bezeichnet vor allem unerwünschte, belästigende Äußerungen, die von einer fremden Person im öffentlichen Raum gemacht werden. Das kann überall passieren: auf der Straße im Vorbeigehen, wenn du an einer Haltestelle auf Bus oder Bahn wartest oder wenn du durch einen Park oder im Fitnessstudio joggst und jemand dir dabei etwas zuruft.

Häufig enthalten Catcalls eindeutige sexualisierte Anspielungen, aber nicht immer. Und in manchen Fällen klingt ein Catcall fast wie ein Kompliment. Aber ist der Ausruf »Sexy!« von einem völlig fremden Menschen wirklich etwas, worüber du dich freust? Noch deutlicher wird es bei Sprüchen wie »Ey, Bitch!« oder »Sind die echt?«. Solche Bemerkungen sind keine Komplimente, sondern Belästigung.

Vielleicht hat auch zu dir schon mal jemand etwas gesagt, was klang wie ein Kompliment, mit dem du dich aber nicht wohlge-

fühlt hast. Vielleicht kannst du gar nicht wirklich begründen, wieso. Deshalb fällt es dir vielleicht schwer, diese Aussage als Catcall zu sehen. Aber ein Kompliment war es auch nicht. Die Faustregel ist hier: Wenn es für dich unangenehm war und du es als Belästigung empfunden hast, kannst du es auch so nennen.

Auch körperliche Belästigung findet im öffentlichen Raum statt. Das können zum Beispiel unerwünschte Berührungen oder Bedrängung sein. Vielleicht hat sich in der vollen Bahn schon mal jemand dicht hinter dich gestellt und deinen Hintern gestreift. Vielleicht hat dich schon mal jemand spätabends in einer fast leeren Bahn aufdringlich angestarrt und ist dann an derselben Haltestelle ausgestiegen wie du und dir auf deiner Strecke nach Hause gefolgt. Wenn du so etwas erlebst, hinterfragst du dabei vielleicht manchmal, ob es nicht einfach ein Versehen war oder du dir etwas nur eingebildet hast. Aber wahrscheinlich fällt es dir bei körperlicher Belästigung leichter, sie

auch so zu benennen. Schließlich hast du etwas gespürt oder gesehen, was bei dir eine Grenze überschritten oder dir Angst gemacht hat.

Warum wird Catcalling so genannt?

Auf den ersten Blick klingt der Begriff »Catcalling« eher verniedlichend. Im Englischen ist »Catcalling« aber ein geläufiger Begriff für (vor allem verbale) Belästigung im öffentlichen Raum. Da es im Deutschen dafür kein eigenes Wort gibt und es sehr umständlich wäre, immer von »(hauptsächlich verbaler) Belästigung im öffentlichen Raum« zu sprechen, haben die deutschen *Chalk Back* Accounts den Begriff »Catcalling« übernommen. Und je mehr über dieses Verhalten gesprochen wird, desto mehr Menschen wissen, was »Catcalling« ist, und nutzen den Begriff.

Aber trotzdem ist der Begriff selbst verwirrend – denn was genau hat Catcalling mit Katzen zu tun? Ursprünglich bezeichneten »catcalls« wohl laute Pfiffe von Theaterzuschauern, die mit der Vorstellung nicht zufrieden waren. Auch heute findet man den Begriff im englischen Sprachgebrauch noch in diesem Zusammenhang, als Zwischenruf oder Unterbrechung. Mit Katzen hat Catcalling also eher nichts zu tun, auch wenn manche Catcalls – Pfiffe, Kussgeräusche oder tatsächliches Miauen – so klingen, als wolle jemand eine Katze anlocken.

Welches Verhalten zählt zu Catcalling?

Catcalling bezeichnet jede Form von Belästigung im öffentlichen Raum, egal ob verbal oder körperlich, laut gebrüllt oder nur für dich hörbar geflüstert.

Zu verbaler Belästigung gehört zum Beispiel:
- Hinterherrufen
- Pfeifen
- Kussgeräusche
- Anspielungen auf dein Aussehen oder deinen Körper
- anzügliche Bemerkungen
- obszöne Witze
- unangebrachte Aufforderungen zu sexuellen Handlungen
- Gewaltandrohung

Zu körperlicher Belästigung zählt zum Beispiel:
- Angrapschen
- angeblich »versehentliche« oder »zufällige« Berührungen
- Bedrängung
- den Weg verstellen
- Festhalten
- Gewalt

Und zuletzt gibt es auch nonverbale, nicht körperliche Belästigung, zum Beispiel:

- Anstarren
- Verfolgung
- Fotografieren oder Filmen, insbesondere Upskirting
- obszöne Gesten
- Anhupen
- Entblößung von Genitalien und offensichtliche Masturbation

Denk an die Faustregel: Wenn es für dich unangenehm war und du es als Belästigung empfunden hast, kannst du es auch so nennen. Du kannst deinem eigenen Urteil vertrauen und brauchst niemanden, der das bestätigt.

Das Team von *Catcalls of Berlin* hat seine Follower:innen zu Themen in diesem Buch befragt. Ihre Antworten, Kommentare, Erfahrungen und Ratschläge erkennst du an den grünen Sprechblasen.

Wer wird belästigt – und von wem?

Wenn man sich die Posts so ansieht, sind es oft ältere Männer, was mich überrascht hat. Man denkt ja so, das machen betrunkene junge Leute. Ist aber nicht so. Sogar meine Mama wird von Ü60 gecatcallt.

Catcallende Personen sind fast ausschließlich cis Männer.

Mit »Männer« oder »Jungen« sind alle Menschen gemeint, die sich mit diesen Begriffen identifizieren oder sich als solche angesprochen fühlen. Ebenso bezieht sich »Frauen« oder »Mädchen« auf alle Menschen, die sich mit diesen Begriffen identifizieren oder sich als solche angesprochen fühlen. Ausnahmen sind in diesem Buch Textstellen, in denen es um einen historischen Kontext oder traditionelle Rollenbilder geht. In diesen Fällen sind alle Personen gemeint, die diesen unterworfen wurden bzw. werden.

Wenn ausdrücklich ein bestimmter Teil einer Gruppe gemeint ist, werden zum Beispiel cis Männer/Frauen oder trans Männer/Frauen genannt.

Manchmal ist auch von männlich/weiblich gelesenen Personen die Rede. Damit ist dann gemeint, wie ein Mensch von fremden Personen wahrgenommen wird.

Betroffene von Catcalling sind fast ausschließlich FLINTA*-Personen.

Der Begriff »FLINTA*« steht für

F: Frauen

L: Lesben

I: inter Personen

N: nicht-binäre Personen

T: trans Personen

A: agender Personen

*: alle Menschen, die sich mit keiner der genannten Geschlechtsidentitäten identifizieren und nicht cis männlich sind. Neben Frauen bezeichnet der Begriff Menschen mit sexuellen Orientierungen und Geschlechtsidentitäten, die in patriarchalischen Machtstrukturen von Diskriminierung betroffen sind.

Aber warum geht Belästigung im öffentlichen Raum vor allem von cis Männern aus? Und warum werden vor allem Personen belästigt, die keine Männer sind?

Rosalía erklärt:

>> Im öffentlichen Raum herrscht ein Ungleichgewicht zwischen Männern und Frauen. Dieses Ungleichgewicht beruht darauf, dass Männer aufgrund körperlicher Merkmale, ihrem Stand in der Gesellschaft und ihrer Rolle im öffentlichen Raum als Gruppe betrachtet mehr Macht besitzen als Frauen.

Der Grund dafür ist, dass Männer sich historisch gesehen eher in der Öffentlichkeit aufgehalten haben als Frauen, weil sie Arbeiten außerhalb des eigenen Haushalts nachgegangen sind und auch soziale Kontakte eher im öffentlichen Raum getroffen haben. Frauen hingegen waren sehr lange durch ihre traditionelle Rolle als Hausfrau und Mutter auf den eigenen Haushalt beschränkt und weniger auswärts unterwegs. Über Generationen hinweg wurde so die gesellschaftliche Vorstellung verbreitet, dass ›Frauen ins Haus gehören‹.

So war der öffentliche Raum sehr lange ein Bereich, der hauptsächlich Männern zugänglich war. Das ist mittlerweile natürlich nicht mehr der Fall. Aber dennoch sind öffentliche Plätze und Straßen für Frauen – und alle anderen FLINTA*-Personen – weniger sicher, vor allem wenn sie allein oder im Dunkeln unterwegs sind.

Oft wird Betroffenen die Verantwortung gegeben, wenn sie sich ›auf eigene Gefahr‹ draußen aufhalten – als seien öffentliche Bereiche von sich aus gefährlich für sie. Dabei gibt es einen konkreten Grund, warum FLINTA*-Personen sich in der Öffentlichkeit weniger sicher fühlen und auch weniger sicher sind. Manche Männer nutzen das Ungleichgewicht aus, das im öffentlichen Raum herrscht, und missbrauchen ihre Macht, indem sie andere Menschen belästigen.

Von Belästigung betroffen sind vor allem minderjährige weiblich gelesene Personen, die meist körperlich unterlegen sind und sich deshalb weniger wehren können. Das wissen sowohl die Personen, von denen die Belästigung ausgeht, als auch viele Betroffene selbst. In diesen Situationen ist offensichtlich, wer mehr Macht und häufig auch körperliche Stärke hat – und das wird ausgenutzt. Selbst wenn es ›nur‹ bei Worten bleibt, machen diese der betroffenen Person Angst, weil sie weiß, dass sie sich gegen körperliche Übergriffe kaum wehren könnte.

Ein weiterer Grund, warum Männer eher Frauen belästigen als umge-kehrt, ist die Sozialisierung. Kinder werden immer noch in Überein-stimmung mit traditionellen, sexistischen Rollenbildern erzogen. Jun-gen wird beigebracht, sich entschieden und durchsetzungsfähig zu zeigen. Von Mädchen wird erwartet, unterwürfig und fügsam zu sein. Das macht sich besonders in der gesellschaftlichen Norm, dass Män-ner Frauen ansprechen sollen, um ihr sexuelles Interesse zu bekun-den, bemerkbar. Hier wird von Männern fast schon aggressives Ver-halten erwartet, während Frauen passiv zu sein haben. Catcalling wird also gesellschaftlich gerne mit ›Jungs sind halt so‹ entschuldigt.

Aber Männern passiert das auch.

Ja, Männer erfahren ebenfalls Belästigung, aber cis-hetero Männer werden weniger belästigt als trans Männer oder Män-ner mit einer nicht heteronormativen sexuellen Orientierung.

Das bedeutet also, dass Männer vor allem dann belästigt werden, wenn sie einer marginalisierten Gruppe angehören.

Natürlich ist auch die Belästigung von cis-hetero Männern ein Problem. Aber es ist ein anderes Problem, da diese Belästigung im Allgemeinen nicht auf sexistischen oder anders diskriminierenden Machtstrukturen beruht. Cis-hetero Männer sehen sich also nicht *alltäglich* sexistischem, diskriminierendem Verhalten ausge-setzt, während FLINTA*-Personen sehr häufig Catcalling oder andere Formen von Sexismus erleben.

Das soll nicht heißen, dass Belästigung von Männern weniger schlimm ist oder dass sie sich nicht belästigt fühlen dürfen. Auch du als Mann oder als Junge solltest nicht belästigt werden! Viele Jungen und Männer trauen sich außerdem gar nicht, mit anderen über Belästigung zu sprechen. Sie schämen sich, weil es nicht zum gesellschaftlichen Männlichkeitsideal passt, wenn sie belästigt werden und sich dabei herabgewürdigt fühlen. Belästigung von Jungen und Männern ist also ein sehr komplexes Problem.

Aber es ist nicht konstruktiv bei diesem Problem »Aber Männern passiert das auch« einzuwerfen, fast schon als eine Art Gegenargument. Was will man damit erreichen? Will man sagen, dass es ja kein Problem ist, wenn das allen passiert? Will man sagen, dass Männer bei der Debatte um Catcalling nicht genügend als Betroffene genannt werden? Wenn man Catcalling als ein Problem sieht, von dem auch Männer betroffen sind, sollte man doch an einer allgemeinen Bekämpfung dieses Verhaltens interessiert sein und Catcalling nicht mit Whataboutism relativieren.

Was wollen catcallende Personen damit erreichen? Erhoffen sie sich eine Reaktion? Glauben sie wirklich, dass jemand auf so etwas eingeht?

Diese Fragen hast du dir vielleicht auch schon gestellt – was soll dieses Verhalten? Wollen catcallende Personen »nur« flirten? Sind sie damit erfolgreich? Lernt man eine andere Person wirk-

lich kennen, indem man ihr »Geiler Arsch!« hinterherruft?
Oder gibt es für dieses Verhalten einen ganz anderen Grund?

Tatsächlich hat Catcalling weniger mit Flirten und mehr mit
Macht zu tun. Rosalía erklärt:

>> Bei Catcalling, das auf sexistischen
gesellschaftlichen Strukturen beruht,
geht es vor allem um Macht und Einschüchterung. Catcaller demonstrieren
ihre körperliche Überlegenheit und
Macht im öffentlichen Raum, indem sie
andere herabwürdigen und ihre Aufmerksamkeit erzwingen. So boosten sie
ihr eigenes Ego.

Dass Catcalling mehr mit Macht als
mit Flirten zu tun hat, zeigt auch die
Wut vieler Catcaller, wenn ihre Sprüche
ignoriert werden. Ihr Ego wird durch die
missglückte Einschüchterung der anderen Person gekränkt, also reagieren

manche dann mit einem wütenden ›Bist eh ne hässliche Schlampe!‹,
um das Gegenüber vielleicht doch noch zu verunsichern.

Das Bedürfnis, das manche Männer anscheinend verspüren, im
öffentlichen Raum ihre Macht zu demonstrieren, hat mit traditionellen sexistischen Geschlechterrollen zu tun. Wie bereits erklärt, gehör-
ten öffentliche Plätze und Straßen lange Zeit hauptsächlich Männern.
Männer, die an diesen sexistischen Denkweisen zu den traditionellen
Geschlechterrollen festhalten, sehen sich selbst also als Besitzer des
öffentlichen Raums. Dieser stellt für sie eine Art Bühne dar, auf der
weiblich gelesenen Personen die Rolle von Sexobjekten zugeschrieben wird. Catcaller meinen, mit ihren Aussagen diese Sexobjekte
bewerten und so Macht über sie ausüben zu dürfen, da sich diese in

ihrem Raum bewegen. Sie glauben, dass sie das Recht haben, ihre Meinung zu den Körpern von weiblich gelesenen Personen laut zu äußern und diese so wissen zu lassen, welche Rolle sie im öffentlichen Raum einnehmen.

Durch Machtdemonstration im öffentlichen Raum wird dieser als ursprünglich männlicher Ort verteidigt. Catcalling zu betreiben ist damit keine individuelle Entscheidung, denn dieses gesellschaftliche Verhalten sitzt sehr tief. Es ist ein kulturell erlerntes Verhalten und wird häufig in Gruppen ausgeübt, in denen einzelne Gruppenmitglieder hervorstehen und ihre Männlichkeit unter Beweis stellen wollen, indem sie weiblich gelesene Personen sexualisieren. Zusätzlich zur Machtausübung und Herabwürdigung von weiblich gelesenen Personen geht es also auch darum, sich anderen Männern gegenüber zu beweisen.

Dieses Bedürfnis, die eigene Männlichkeit unter Beweis zu stellen, kommt daher, dass sich die traditionelle Frauenrolle über die letzten Generationen geändert hat. Frauen sind nun nicht mehr darauf beschränkt, Hausfrauen und Mütter zu sein – auch wenn es zur Gleichstellung mit Männern noch ein weiter Weg ist. Dieser Wandel ist aber für die traditionelle Rolle von Männern sehr verwirrend.

Lange waren Männer die Hauptverdiener und nicht nur in ihrer Familie diejenigen, die Entscheidungen getroffen haben. Das ändert sich langsam.

Aber während die feministischen Bewegungen seit Ende des 19. Jahrhunderts mehr Freiheiten, Möglichkeiten und Rechte für Frauen erkämpft haben, ist das gesellschaftliche Männerbild lange unverändert geblieben. Zwar wandeln sich die gesellschaftlichen Strukturen dahin gehend, dass auch Männer mehr Möglichkeiten erhalten – indem sie zum Beispiel bei der Geburt eines Kindes genauso viel Elternzeit nehmen können wie Mütter. Aber Väter, die das auch nutzen, werden dafür häufig merkwürdig angeschaut. **«**

Feminismus, intersektional verstanden, bedeutet nicht nur mehr Freiheiten, Möglichkeiten und Rechte für Frauen, sondern gleiche Freiheiten, Möglichkeiten, Rechte, Respekt und Selbstbestimmung für alle Geschlechter.

Es geht also nicht darum, dass Frauen alles bekommen, was Männer bereits haben, und Männer nichts. Es geht darum, dass jede:r das eigene Leben nach den eigenen Vorstellungen gestalten kann.

Dabei sind auch die Unterteilung in »Mann« und »Frau« und die damit verbundenen Rollenbilder problematisch. Diese Unterteilung bezeichnet man als »binär«. Sie schränkt alle Menschen ein, die sich damit nicht identifizieren. Sie werden unter dem Begriff »nicht-binär« zusammengefasst.

Dieses Verständnis von Feminismus bedeutet übrigens nicht, dass Hausfrauen und Mütter kein selbstbestimmtes Leben führen oder keine Feminist:innen sind! Der Punkt ist: Alle Menschen sollten die freie Wahl haben, was sie mit ihrem Leben machen wollen, und dafür gesellschaftlich nicht verurteilt werden.

Was intersektionalen Feminismus ausmacht, kannst du in ➤ **Kapitel 8** lesen.

>> Es gibt also immer noch eine sehr starre gesellschaftliche Vorstellung davon, was ›Männlichkeit‹ bedeutet. Dazu gehört zum Beispiel auch, dass Jungen so sozialisiert werden, dass sie ihre Gefühle nicht zeigen. Vor allem Tränen werden bei männlich gelesenen Personen gesellschaftlich nicht akzeptiert. Das einzige Gefühl, für das Jungen und Männer nicht als ›unmännlich‹ gesehen werden, ist Wut. Also drücken sie sehr viele ihrer Gefühle hauptsächlich durch Wut aus.

Aber dieses starre Bild von ›Männlichkeit‹ passt nicht in eine Gesellschaft, in der Frauen nicht mehr ausschließlich Hausfrauen und Mütter sind. Die traditionellen Rollenbilder waren füreinander gemacht und haben sich ergänzt. Ohne die traditionelle Frauenrolle ist die traditionelle Männerrolle nichts. Was bedeutet Männlichkeit, wenn Weiblichkeit mittlerweile (fast) alles sein kann? Der Versuch, traditionell männlich zu sein und traditionell männlich zu handeln, kann sich also in sexistischen Verhaltensweisen wie zum Beispiel Catcalling äußern – durch die Männer sich selbst und anderen zeigen wollen, dass sie Männer sind. Wünschenswert wäre aber, dass sie für sich selbst ein neues Verständnis von Männlichkeit definieren, mit dem sie sich wohl und frei fühlen können.

FLINTA*-Personen bedrohen durch ihre Anwesenheit in der Öffentlichkeit diese heteronormativen Vorstellungen von ›Männlichkeit‹. Sie werden dort als Fremdkörper gesehen, als Regelverstoß gegen die traditionelle, sexistische Vorstellung, dass diese Orte Männern gehören. Catcalling ist also nicht nur reine Macht- und Männlichkeitsdemonstration, sondern auch eine Art der Zurechtweisung.

FLINTA*-Personen soll so verdeutlicht werden, dass sie nicht in den öffentlichen Raum gehören. **‹‹**

Aber nicht alle Männer sind so.

Nein, nicht alle Männer sind so. Aber darum geht es gar nicht. Es geht nicht darum, einer Gruppe Menschen (»alle Männer«) die Schuld an einem Verhalten zu geben, auch wenn dieses Verhalten hauptsächlich von Personen, die zu dieser Gruppe gehören, ausgeübt wird.

Nur weil jemand zur Gruppe »Männer« gehört, wird er nicht beschuldigt, wenn Catcalling angeprangert wird – solange er andere nicht belästigt. Wenn von sexualisierter Belästigung gesprochen wird, hört man häufig, dass »niemand unter Generalverdacht gestellt werden soll«. Das stimmt. Denn es geht nicht um eine Gruppe von Menschen, denen pauschal die Schuld gegeben wird. Stattdessen geht es um das Verhalten. Es geht um die gesellschaftlichen Strukturen, die dieses Verhalten unterstützen und dazu beitragen, dass es gesellschaftlich verharmlost und entschuldigt wird, sodass es ohne Konsequenzen ausgeübt werden kann.

Wenn über Catcalling gesprochen und dabei das Verhalten von cis Männern kommentiert wird, wird damit nicht gesagt, dass »alle Männer« dieses Verhalten ausüben. Stattdessen wird hinterfragt, warum dieses Verhalten eben vor allem von cis Männern ausgeübt wird. Wenn von Geschlechterungleichheit gesprochen wird, ist das Ziel nicht, »allen Männern« die Schuld daran zu geben. Stattdessen ist dies eine Kritik an patriarchalischen Machtstrukturen, die über Generationen hinweg aufgebaut wurden und FLINTA*-Personen diskriminieren und unterdrücken. Es geht also nicht um einen Kampf von Frauen gegen Männer, sondern um Feminismus statt Sexismus.

Aber ist es nicht schon paranoid, vor männlich gelesenen Personen, die man gar nicht kennt, Angst zu haben?

Das ist genau der Punkt. Wenn du jemanden nicht kennst, weißt du nicht, wozu die Person fähig ist. Du weißt nicht, wie diese Person denkt und ob sie schnell aggressiv wird. Natürlich verhalten sich nicht *alle* cis Männer im öffentlichen Raum belästigend. Aber *zu viele* cis Männer verhalten sich FLINTA*-Personen gegenüber in der Öffentlichkeit übergriffig und gewaltbereit. Das kann dann bei Betroffenen zu einer allgemeinen Angst vor fremden männlich gelesenen Personen – oder generell fremden Menschen – führen.

Das liegt dann natürlich nicht am Verhalten *aller*, sondern am Verhalten *mancher* cis Männer. Aber ohne jemanden persönlich zu kennen, kannst du nicht wissen, ob diese Angst angebracht ist oder nicht. Und eigene schlechte Erfahrungen, Medienberichte, aber auch allgemeine Statistiken zu Gewalt gegen FLINTA*-Personen zeigen, dass Vorsicht angebracht ist, wenn du jemanden nicht kennst.

→ Fakten und Statistiken findest du in **Kapitel 3**.

Aber warum ist Catcalling ein Problem? Das sind doch nur Worte. Da kommt doch niemand zu Schaden.

Leider kann niemand von uns vorhersehen, ob Worten Taten folgen. Betroffene von Catcalling fühlen sich bei einem Catcall oft bedroht

und haben Angst, dass es zu körperlichen Übergriffen kommt. Und weil du nicht weißt, was eine catcallende Person als Nächstes tut, fühlst du dich dabei bedroht und verängstigt.

Auch wenn es »nur« bei Worten bleibt, können diese schon Schaden anrichten. Viele Betroffene fühlen sich im öffentlichen Raum oft angespannt, in der ständigen Erwartung, belästigt zu werden. Vielleicht kannst du Blicke auf dir spüren, wenn du an einer Gruppe männlich gelesener Personen vorbeigehst. Du erwartest schon fast einen Kommentar. Oder du merkst, dass dir jemand in der U-Bahn immer näher rückt. Oder jemand steigt an derselben Haltestelle aus wie du und scheint dir zu folgen. Und da du nicht weißt, was als Nächstes passiert, bist du ständig auf alles gefasst. Diese andauernde Anspannung ist sehr anstrengend und belastend. Sie kann psychische Folgen haben und Betroffene in ihrem Alltag einschränken.

Rosalía erklärt:

>> Von Catcalling Betroffene bekommen alltäglich Kommentare zu ihrem Körper zu hören und werden so sexualisiert und auf ihren Körper reduziert. Das ist diskriminierend auf sexistischer Ebene. Wie auch andere Formen von Diskriminierung bedeutet Sexismus für Betroffene permanenten Stress. Dieser dauerhafte Stress kann Betroffene gesundheitlich und psychisch beeinträchtigen.

Manche haben Angst, allein unterwegs zu sein, oder meiden sogar bestimmt Orte oder Tageszeiten. So werden sie langfristig durch Catcalling in ihrem Alltag eingeschränkt. Häufig ändern Betroffene auch ihren Kleidungsstil, um – erfolglos – Belästigung zu vermeiden. Viele fühlen sich schuldig, unsicher oder wütend. Manche distanzieren sich von Freund:innen und Familienmitgliedern. Oft wirkt sich Catcalling auch auf das Selbstwertgefühl von Betroffenen aus. Und manche Catcalling-Erfahrungen sind so traumatisch, dass Betroffene daraus eine posttraumatische Belastungsstörung entwickeln können. «

→ Was eine posttraumatische Belastungsstörung ist, erzählt Alex von *Catcalls of Hagen* in **Kapitel 9**.

» Ständige Kommentare, die den Körper bewerten, haben zur Folge, dass sich von Catcalling Betroffene oft in ihrem eigenen Körper nicht mehr wohlfühlen oder sich sogar für ihn schämen. Diese Folgen sind besonders problematisch bei jungen Menschen, deren Körper sich gerade durch die Pubertät zu verändern beginnt. Diese frühe Sexualisierung und Objektifizierung wirkt sich auch auf die psychosexuelle Entwicklung von jungen Betroffenen aus, da diese in einem sicheren Raum geschehen sollte – und nicht begleitet von Angst, Beklemmung, Sorge, Unsicherheit, Scham, Empörung und Hilflosigkeit.

Dazu kommt, dass sexualisierte Belästigung gesellschaftlich normalisiert ist. Das bedeutet, dass die eigene Wahrnehmung von Belästigung und der gesellschaftliche Umgang damit einander widersprechen. Dies führt bei Betroffenen zu Verwirrung und hat auch zur Folge, dass sie nicht wissen, ob und wie sie sich gegen übergriffiges Verhalten wehren können.

Zusätzlich wird Betroffenen sehr oft die Schuld gegeben, wenn sie belästigt werden – sei es, weil sie ein bestimmtes Kleidungsstück getragen haben oder weil sie allein unterwegs waren. Das nennt sich Täter:innen-Opfer-Umkehr, da hier die Verantwortung nicht der Person gegeben wird, die jemanden belästigt, sondern der Person, die belästigt wird. Auch der englische, oft geläufigere Begriff ›Victim Blaming‹ bezeichnet diese Schuldumkehr. «

→ Mehr zu Victim Blaming kannst du in **Kapitel 4** lesen.

» Diese gesellschaftliche Normalisierung von Catcalling sowie die Täter:innen-Opfer-Umkehr ist eine Form von psychischer Gewalt, die auf gesellschaftlicher Ebene stattfindet und so Einzelpersonen beeinflusst und verletzt. Aber auch die Auswirkungen von Catcalling werden auf gesellschaftlicher Ebene deutlich: Wenn FLINTA*-Personen sich im öffentlichen Raum bedroht fühlen, verlassen sie diesen und halten sich dort weniger auf. So werden die traditionellen Rollenbilder von Männern im öffentlichen Raum und Frauen im Haus verstärkt und die gesellschaftliche Gleichstellung aller Geschlechter behindert. ◀◀

Aber kann man das nicht einfach anzeigen?

Im Gegensatz zu Ländern wie Frankreich, Belgien, Peru und den Philippinen ist verbale sexualisierte Belästigung in Deutschland (noch) nicht strafbar. Zwar könntest du körperliche sexualisierte Belästigung zur Anzeige bringen, aber häufig reicht die Beweislage nicht aus – und die catcallenden Personen sind längst über alle Berge, wenn die Polizei auftaucht.

→ In *Kapitel 10* kannst du mehr dazu lesen, wie du rechtlich gegen Catcalling vorgehen kannst und was unsere Gesellschaft dagegen tun könnte, zum Beispiel indem verbale sexualisierte Belästigung strafbar wird.

Ist Catcalling nicht eine Folge von Immigration? Das gab es doch früher gar nicht.

In den Instagram-Kommentaren werden immer wieder bestimmte Personengruppen für Catcalling verantwortlich gemacht. Die Kommentator:innen behaupten, dass sexualisierte Belästigung hauptsächlich oder ausschließlich von Menschen mit Migrationsgeschichte ausgeübt wird. Aber das stimmt nicht. Die einzige generelle Aussage, die sich zum typischen Catcaller treffen lässt, ist, dass er zumeist cis männlich ist. Alter, Aussehen, Migrationsgeschichte etc. spielen dabei keine Rolle.

→ Wie Diskussionen zu Catcalling benutzt werden, um rassistische Hetze zu befeuern, erzählt Franzi von *Catcalls of Bonn* in **Kapitel 9**.

Catcalling ist also keine Folge von Immigration. Tatsächlich ist es auch kein neues Phänomen. Die *Chalk Back* Accounts bekommen viele Einsendungen und Kommentare von Betroffenen, die so etwas schon seit Jahrzehnten erleben. Die meisten dieser Betroffenen freuen sich, dass dieses Problem endlich ins gesellschaftliche Bewusstsein geholt und darüber geredet wird. Manche kommentieren jedoch, dass das doch gar nicht so schlimm sei, sie selbst es ja auch überstanden hätten und dass die jüngere Generation sich nicht so anstellen solle.

Aber ist das Problem nicht, dass die heutige Generation nicht genug Selbstbewusstsein hat, um zu kontern? Wird man diese Aufmerksamkeit als Frau nicht vielleicht irgendwann vermissen?

Über ein Drittel aller Betroffenen sind bei ihrer ersten Erfahrung mit Catcalling 12 Jahre alt – oder sogar noch jünger. Ein weiteres knappes Drittel aller Betroffenen ist 13 oder 14 Jahre alt, wenn sie zum ersten Mal sexualisierte Belästigung im öffentlichen Raum erleben.

Die Daten zum Alter von Betroffenen bei ihrem ersten Catcall stammen aus dieser Studie: Hollaback! International Street Harassment Survey Project – Germany (Cornell University & Hollaback!, 2015).

Rosalía erklärt, welche Bedeutung das Alter von Betroffenen für den Umgang mit einem Catcall hat:

>> In diesem Alter befinden sich Kinder und Jugendliche in einem psychologischen Entwicklungsstadium, in dem sie noch keine Abwehr- oder Verteidigungsmechanismen erlernt haben. Das kann von ihnen also gar nicht erwartet werden. Zusätzlich dazu werden jungen Menschen keine klaren Regeln an die Hand gegeben, wie sie auf Belästigung reagieren und an wen sie sich wenden können, um dabei unterstützt zu werden.

Junge Menschen sind also weniger in der Lage, bestimmt auf Catcalls zu reagieren. Catcallende Personen wissen das und belästigen deshalb vor allem Kinder und Jugendliche. Sie nutzen diese Schwäche also ganz bewusst aus. <<

Ich habe mich neulich mit einer Freundin darüber unterhalten, dass wir persönlich es so wahrgenommen haben, dass wir als Jugendliche schlimmere Catcalls und Belästigungen abbekommen haben als heute. Vielleicht liegt es daran, dass weniger Gegenwehr erwartet wird. Oder vielleicht auch daran, dass jugendliche und kindliche Attribute bei Frauen verstärkt sexualisiert werden (also zum Beispiel möglichst keine Körperbehaarung, zierliche Statur etc.) und das deshalb öfter und extremer vorkommt. Ich kann natürlich nicht für die Erfahrungen anderer Frauen sprechen, aber wir haben das beide für uns so wahrgenommen.

In einer Belästigungssituation verfallen vor allem junge Menschen, aber auch Betroffene aus anderen Altersgruppen oft in eine Art Schockstarre, in der sie nicht reagieren können. Du kennst das vielleicht – du brauchst einen Moment, um überhaupt zu begreifen, was gerade passiert ist. Und selbst dann fehlen dir die Worte, weil du dich mit der Situation überfordert fühlst oder gedanklich ganz woanders warst. Und dann ist die catcallende Person verschwunden und du ärgerst dich, dass dir keine gute Antwort eingefallen ist.

Aber warum solltest du überhaupt irgendetwas entgegnen? Du schuldest niemandem irgendwas, wenn du belästigt wirst – keinen Blick, keine Antwort und erst recht kein »Danke« für etwas, was kein Kompliment war! Das Problem ist nicht, dass du als Betroffene:r nicht kontern kannst oder dafür angeblich nicht genug Selbstbewusstsein hast. Es ist nicht deine Verantwortung, auf Belästigung überhaupt oder »angemessen« zu reagieren. Das Problem ist nicht deine fehlende Reaktion. *Das Problem ist die Belästigung.*

Dir fehlt es nicht an Selbstbewusstsein, wenn du Catcalling als Problem wahrnimmst und es auch so nennst. Im Gegenteil: Warum sollte irgendetwas mit deinem Selbstbewusstsein nicht stimmen, wenn du keine sexualisierten Kommentare von fremden Menschen möchtest oder als Bestätigung brauchst? Tatsächlich ist die Frage in sich nicht schlüssig. Denn wenn Catcalls wirklich Komplimente wären, die du vielleicht irgendwann vermisst, bräuchtest du doch kein Selbstbewusstsein, um sie wegzustecken!

Aber woher kommt dann dieses Argument, dass man diese Sprüche irgendwann vermissen könnte? Warum gibt es die Vorstellung, dass das Selbstbewusstsein von weiblich gelesenen Personen auf Bestätigung durch Fremde angewiesen ist? Rosalía erklärt:

>> Seit Generationen wird weiblich gelesenen Personen eingeredet, dass ihr Aussehen ihren Wert in der Gesellschaft bestimmt. Diese Message ist zum Beispiel mehr oder weniger unterschwellig in Werbespots und -anzeigen zu Kosmetikprodukten enthalten. Diese gesellschaftliche Beurteilung einer Person auf Basis ihrer Attraktivität erfahren vor allem weiblich gelesene Personen: Es gibt ein bestimmtes weibliches Schönheitsideal, das in einer kapitalistischen Gesellschaft zum Beispiel durch Werbung und Medien aufgestellt und weiterverbreitet wird. Weiblich gelesene Körper werden dadurch objektifiziert, sexualisiert und kommodifiziert. Sie werden also wie Ware dargestellt. An diesem Schönheitsideal werden weiblich gelesene Personen gemessen und danach bewertet. Für viele ist ihr Selbstwertgefühl deshalb mit ihrem Äußeren und der Bestätigung, die sie dazu erfahren, verknüpft.

Bei Catcalling wird dieser Eindruck verstärkt, da hier genau das stattfindet: Ein fremder Mensch kommentiert den eigenen Körper – so, als sei seine Meinung dazu wichtig. Als spiele seine Meinung zum Körper einer anderen Person irgendeine Rolle und hätte irgendeine Bedeutung. Was hier tatsächlich passiert, ist, dass auf den Körper bezogene Kommentare betroffene Personen auf genau das reduzieren: ihren Körper. Ihr Menschsein geht dabei unter. Im öffentlichen Raum, und zu einem bestimmten Grad in der Gesellschaft allgemein, werden FLINTA*-Personen so lediglich als Körper gesehen – oder sogar als Fremdkörper, die historisch gesehen im öffentlichen Raum und anderen traditionell patriarchalischen Bereichen nichts zu suchen haben. <<

Aber provoziert freizügige Kleidung so was nicht?

Häufig wird Betroffenen von Catcalling entgegnet, dass sie selbst schuld seien, wenn sie belästigt werden, weil sie zum Beispiel einen kurzen Rock tragen. Vielleicht hast du das auch schon mal erlebt – du vertraust dich jemandem an und erzählst von einem Catcall, der dir passiert ist. Du hoffst auf Verständnis und Unterstützung und stattdessen bekommst du als Antwort: »Also, so wie du dich anziehst, brauchst du dich auch nicht wundern!«

Aber ein Kleidungsstück rechtfertigt Belästigung nicht. Menschen, die andere belästigen, handeln aus freien Stücken und tragen dann auch die Verantwortung dafür. Diese Verantwortung kann nicht auf ein Kleidungsstück übertragen werden, als könne ein cis Mann beim Anblick eines kurzen Rocks gar nicht anders, als die Person darin zu belästigen. Diese Täter:innen-Opfer-Umkehr, oder Victim Blaming, lenkt von der verantwortlichen Person – nämlich der catcallenden Person – ab und macht die betroffene Person für dieses Fehlverhalten verantwortlich. Aber: Schuld an Catcalling sind allein die Personen, die catcallen.

Und: Belästigung findet völlig unabhängig von Kleidung statt. In vielen Einsendungen an die *Chalk Back* Accounts beschreiben Betroffene, was sie getragen haben, als sie einen Catcall erlebt haben. Viele denken, sie müssten sich erklären oder sich rechtfertigen. Sie erzählen, dass sie zum Beispiel Jeans, Kapuzenpulli und Turnschuhe getragen haben. Oder einen langen Wintermantel mit Mütze und Corona-Schutzmaske. Oder sogar ein Ganzkörper-Teddykostüm. Und dennoch wurden sie belästigt. Das bestätigt, dass die Kleidung von Betroffenen nicht die Ursache von Catcalling ist.

Immer wieder wird auch behauptet, dass »Frauen sich ja aufreizend kleiden, um männliche Aufmerksamkeit zu bekommen« – als würden sie morgens beim Griff in den Kleiderschrank vor allem darüber nachdenken, was Männer von ihrer Wahl halten werden. Aber nicht jede Entscheidung, die FLINTA*-Personen treffen, wenn sie sich anziehen, ist bestimmt von dem Wunsch, möglichst viel cis männliche Aufmerksamkeit auf sich zu ziehen. Kleidung ist ein Ausdruck der eigenen Persönlichkeit und Kreativität – und vor allem auch abhängig vom Wetter oder für eine bestimmte Funktion gewählt. So ist ein kurzer Rock im Sommer nichts weiter als angemessene Kleidung bei Hitze – und beim Joggen erfüllt eine Sporthose den Zweck, dass du dich darin gut bewegen kannst. Der öffentliche Raum ist keine Bühne, auf der weiblich gelesene Personen sich selbst zur Unterhaltung von cis Männern zur Schau stellen.

Egal, was du trägst – du gibst damit niemandem das Recht, dich zu belästigen, weder mit Worten noch mit Berührungen. Denn deine Kleidung ist kein Blanko-Einverständnis. Egal, was du trägst – du bist niemals schuld, wenn jemand dich belästigt. Schuld ist die Person, die sich übergriffig verhält.

 Menschenrechte sind nicht in Kleidung eingenäht, man verliert sie nicht mit weniger an!

Werden solche Sprüche, wenn sie von gut aussehenden Täter:innen kommen, nicht als Komplimente oder Flirtversuche gesehen?

Nein. Belästigendes Verhalten ist belästigend, egal, von wem es kommt. Es stimmt natürlich, dass das Aussehen darüber entscheiden kann, ob man theoretisch an jemandem Interesse

hätte. Es entscheidet aber nicht darüber, ob man es als Belästigung empfindet oder nicht, wenn man von jemandem angesprochen wird. Dabei kommt es auf den Kontext an und auch darauf, was diese Person sagt. Denn Respektlosigkeit ist auch bei attraktiven Menschen respektlos.

Dazu kommt: In ihren Einsendungen an die *Chalk Back* Accounts beschreiben Betroffene die Personen, von denen die Belästigung ausging, kaum – in ihren Nachrichten nennen sie zum Beispiel einen »etwa 40-jährigen Mann« oder »eine Gruppe etwa 16-jähriger Jugendlicher«. Sie beschreiben das übergriffige Verhalten und vor allem die eigenen Gefühle – Verwirrung, Scham, Angst, Ekel, Wut. Das Aussehen der Personen, von denen sie gecatcallt wurden, spielt dabei keine Rolle. Und häufig kommen Catcalls ja auch völlig überraschend und von außerhalb des eigenen Sichtfelds, zum Beispiel von der anderen Straßenseite, sodass es gar nicht möglich ist, die Attraktivität der Person zu bewerten.

Das Alter von Catcallenden spielt dann eine Rolle, wenn die betroffene Person deutlich jünger ist, sodass dadurch ein altersbedingtes Machtgefälle entsteht. Dieses verstärkt das Ungleichgewicht im öffentlichen Raum zwischen meist cis männlichen Catcallern und den Betroffenen, die meist FLINTA*-Personen sind.

Was ist der Unterschied zwischen einem Kompliment und einem Catcall?

Vielleicht hat dir schon mal jemand gesagt, du solltest Catcalls einfach als Komplimente sehen und dich darüber freuen. Denn schließlich fände dich die catcallende Person ja attraktiv, auch wenn das Kompliment vielleicht etwas »missglückt« sei. Aber diese »Erklärung« entschuldigt und verharmlost das Verhalten. Sie ignoriert, wie herabwürdigend Catcalling ist. Sie spricht dir dein Empfinden dabei ab. Und sie spielt darauf an, dass du froh und dankbar sein solltest, dass dich jemand attraktiv findet und dir ein Kompliment macht – als bräuchtest du das.

Aber Catcalls sind keine Komplimente. Niemand kann dir erzählen, dass etwas, wobei du dich unwohl und belästigt gefühlt hast, in Wahrheit ein Kompliment sei. Aber was genau unterscheidet Catcalls von Komplimenten? Denk an die Faustregel: Wenn es für dich unangenehm war und du es als Belästigung empfunden hast, kannst du es auch so nennen. Du weißt, wo deine Grenzen sind und was für dich ein Kompliment ist – und was nicht. Wenn es sich für dich nicht angefühlt hat wie ein Kompliment, dann war es auch keins. Daran gibt es nichts zu rütteln, und das kann niemand besser beurteilen als du.

Die Wahrnehmung der betroffenen Person ist hier also der wichtigste Faktor. Das macht die Unterscheidung zwischen einem Catcall und einem Kompliment einerseits sehr einfach – für Betroffene – und andererseits etwas komplizierter – für alle anderen. Es gibt aber mehrere Punkte, die den Unterschied zwischen einem Catcall und einem Kompliment deutlich machen:

1. Einverständnis

Damit eine Aussage als Kompliment verstanden wird, muss sie erwünscht sein. Das heißt, es braucht dein Einverständnis, damit jemand dir ein Kompliment machen kann. Wenn du jemanden gut kennst, weißt du wahrscheinlich, ob sich die andere Person mit einer Aussage zu ihrem Körper wohlfühlen würde – und umgekehrt weiß sie das bei dir auch. Also muss Einverständnis für ein Kompliment nicht immer explizit geäußert werden, wenn du der anderen Person vertraust.

Anders ist das bei fremden Personen. Sie können nicht wissen, womit du dich wohlfühlst. Und dein Einverständnis willst du vielleicht nicht jedem:jeder geben, und auch nicht zu jedem Zeitpunkt oder in jeder Situation. Also können fremde Menschen nicht davon ausgehen, dass sie dein Einverständnis für ein Kompliment haben. Wenn jemand sich dann aber trotzdem zu deinem Körper äußert, wird damit bei dir eine Grenze überschritten. Das macht die Aussage zu einem verbalen Übergriff.

Rosalía erklärt:

>> Wenn zwischen Sprecher:in und Empfänger:in einer Aussage kein Vertrauensverhältnis besteht, kann diese die Privatsphäre der betroffenen Person verletzen. Das liegt daran, dass fremde Personen nicht die Erlaubnis haben, sich zum Körper einer anderen Person zu äußern – vor allem dann nicht, wenn dieser Kommentar eine sexuelle Konnotation hat. Damit eine Aussage als Kompliment aufgefasst wird, ist

das Einverständnis des:der Empfängers:in nötig. Wenn man eine Person nicht kennt, sollte man also davon ausgehen, dass man nicht das Recht hat, sich zum Körper dieser Person zu äußern. «

2. Kontext

Wenn du auf der Straße unterwegs bist, erwartest du vermutlich weniger, dass dich eine fremde Person anspricht, um dir ein Kompliment zu machen. In diesem Kontext kommen also persönliche Kommentare eher überraschend – und sind deshalb schnell übergriffig. Auch die Art und Weise, wie etwas geäußert wird, beeinflussen deine Wahrnehmung davon. Laute Zurufe wirken erschreckend und – abhängig vom Inhalt – auch oft beschämend, weil du dich dabei fühlst, als würden so alle Umstehenden auf dich aufmerksam gemacht.

3. Sprache

Catcalls enthalten häufig vulgäre oder sexuell aufgeladene Worte. Diese Sprache spiegelt im Allgemeinen nicht wider, dass der Inhalt als wertschätzendes Kompliment gemeint ist. Stattdessen wirkt sie erschreckend, beleidigend und herabwürdigend und ist deshalb verbal übergriffig.

Natürlich gibt es hier Ausnahmen: Wenn du jemanden gut kennst und ihr auf einer etwas anstößigeren Ebene witzelt, nimmst du so eine Aussage vermutlich anders wahr als von einer völlig fremden Person. Bei der Sprache, die verwendet wird, ist also auch entscheidend, ob ein Vertrauensverhältnis zwischen den beteiligten Personen besteht.

4. Intention und Erwartungshaltung der catcallenden Person

Auch Erwartungen, die an eine Aussage geknüpft sind, zeigen, ob es sich dabei um ein Kompliment handelt oder nicht. Bei

einem Kompliment steht die Freude der angesprochenen Person im Fokus. Das ist alles – diese Freude reicht aus. Bei einem Catcall geht es aber darum, was die catcallende Person möchte. Das kann zum Beispiel die Herabwürdigung einer anderen Person sein, aber auch die Aufmerksamkeit dieser Person oder ein Gefühl von Macht.

Aus diesem Grund reagieren manche Catcallende mit Wut, wenn ihre Kommentare ignoriert werden oder sie eine zurückweisende Antwort bekommen. Wenn es ihnen wirklich nur darum ginge, der anderen Person ein Kompliment zu machen, wären sie vielleicht enttäuscht – aber nicht so wütend, dass sie dann »Bist eh ne hässliche Schlampe!« schreien.

5. Wahrnehmung und Definitionsmacht Betroffene:r

Dieser Punkt ist zusammen mit deinem Einverständnis der allerwichtigste, weshalb er auch schon ein paarmal als Faustregel genannt wurde: Wenn es für dich unangenehm war und du es als Belästigung empfunden hast, kannst du es auch so nennen. Das bedeutet das Wort »Definitionsmacht«. Du allein weißt, wenn du belästigt wurdest. Das muss dir niemand bestätigen. Du allein weißt, wo deine Grenzen liegen und wenn sie überschritten wurden. Und deine Grenzen müssen respektiert werden.

Genau da liegt dann auch die Grenze zwischen einem Catcall und einem Kompliment: wo Betroffene sie ziehen. Catcalls sind unerwünschte Äußerungen. Und wenn Betroffene sich damit unwohl fühlen, sind es keine Komplimente.

Natürlich fühlt sich nicht jede:r in derselben Situation unwohl, bedroht oder herabgewürdigt. Ob eine Aussage auf dich belästigend oder bedrohlich wirkt, hat auch damit zu tun, welche Erfahrungen du selbst schon gemacht oder bei anderen mitbekommen hast. Vielleicht wurdest du schon einmal nach einem Catcall verfolgt oder gegen deinen Willen angefasst. Vielleicht hast du schon einmal mitbekommen, wie Catcalling zu noch übergriffigerem Verhalten eskaliert ist. Oder vielleicht fühlst du dich grundsätzlich im öffentlichen Raum nicht sicher, weil du vielleicht aus Medienberichten von sehr schlimmen Fällen erfahren hast.

Diese Erfahrungen können zur Folge haben, dass selbst ein Anhupen oder Nachpfeifen dir manchmal schon viel Angst machen. Das bedeutet nicht, dass du eine ängstliche Person bist. Es zeigt, dass unsere Gesellschaft den öffentlichen Raum zu einem sicheren Ort für alle Menschen machen muss.

Aber man kann ja nicht wissen, wie etwas bei einer anderen Person ankommt. Wie soll man das einschätzen?

Glücklicherweise muss man nicht jeden Gedanken, den man zum Körper einer anderen Person hat, äußern. Man kann es also einfach bleiben lassen, wenn man die andere Person nicht versehentlich belästigen will. Wenn du also wirklich nur das Ziel verfolgst, einer anderen Person ein Kompliment zu machen – und das dann unterlässt, weil du dir nicht sicher bist, wie dein Kommentar ankommen wird –, geht die Welt davon nicht unter.

Das heißt aber nicht pauschal, dass keine Komplimente mehr geäußert werden dürfen! Auch im öffentlichen Raum können fremde Menschen einander respektvoll Komplimente machen, und daraus können sehr schöne Situationen entstehen. Das Team von *Catcalls of Berlin* hat in seinem Instagram Story Highlight »Positivity« seine Follower:innen gefragt, was ihre schönsten Erlebnisse mit fremden Personen im öffentlichen Raum waren. Unter den Antworten sind Komplimente zu einem besonders gelungenen Outfit, einem niedlichen Hund, einem schönen Lächeln. Es geht also! Es ist möglich, fremden Menschen auf der Straße im Vorbeigehen oder beim gemeinsamen Warten auf Bus oder Bahn etwas Nettes zu sagen.

Aber es ist wichtig, sich dabei in andere hineinzuversetzen, die Situation einzuschätzen und zu überlegen, wie eine Aussage bei einer anderen Person ankommen könnte. Dazu gehört auch, sich selbst einzuschätzen: Könnte ich auf die andere Person bedrohlich wirken – auch wenn ich selbst weiß, dass ich es nicht bin? Bin ich größer, wahrscheinlich auch stärker und könnte eine Gefahr darstellen? Ist die andere Person allein? Bin ich in einer Gruppe? Ist es spät? Sind nur noch wenige Menschen auf der Straße? All das sind Punkte, die eine bedrohliche Situation schaffen können. Dabei ist ganz egal, ob man die andere Person einschüchtern und bedrohen *möchte*. Die Umstände reichen, um eine Aussage gefährlich klingen zu lassen.

Aber wenn die Intention ist, ein Kompliment zu machen, kann es doch gar nicht Belästigung sein, oder?

Doch. Wichtig ist, was bei der angesprochenen Person ankommt. Wenn eine Aussage für die betroffene Person unangenehm ist und sie es als Belästigung empfindet, *ist* es Belästigung.

Dann darf man ja jetzt gar nichts mehr sagen. Was ist denn mit der Meinungs- freiheit?

Der Punkt ist: Rechtlich gesehen kann alles gesagt werden, was nicht als Beleidigung oder Verleumdung eingestuft werden kann. Verbale Belästigung ist (noch) nicht strafbar. Aber: Es könnte zur Folge haben, dass Menschen sich damit sehr unwohl fühlen. Und daher sollte man sich fragen: Ist es wirklich wichtiger, jeden Gedanken über das Aussehen einer anderen Person in die Welt tragen zu können? Oder sollte man eher respektieren, dass andere sich mit manchen Aussagen möglicherweise unwohl fühlen könnten? Denn die Freiheit des einen endet dort, wo eine andere Person ihre Grenzen zieht – um im Gegenzug ihre Freiheit zu schützen.

Aber wie kann man dann fremde Menschen ansprechen?

Wie bei so vielen zwischen- menschlichen Interaktionen gilt: *consent is key*. Das be- deutet: Das Einverständnis der anderen Person zu einer Handlung bestimmt darü- ber, ob etwas als Belästigung empfunden wird oder nicht. Wenn man also einer frem- den Person im öffentlichen Raum ein Kompliment ma- chen möchte, sollte man nicht laut »Geiler Arsch!«

brüllen, sondern lieber fragen: »Darf ich dir ein Kompliment machen?« Diese Frage zeigt nicht nur Respekt vor den Grenzen der anderen Person – sie verdeutlicht die Intention, sodass das Kompliment selbst hoffentlich auch als solches wahrgenommen wird. Aber selbst diese Frage kann nachts in ein Ohr gewispert noch sehr beunruhigend wirken.

Wichtig ist, dass man ein »Nein« als Antwort respektiert und nicht ausfallend wird. Aber auch ein verwirrter Blick oder ausweichende Körpersprache sollten als »Nein« verstanden werden. Und wenn keine Antwort zurückkommt, ist das kein »Ja«. Auch dann sollte ein Kompliment lieber nicht geäußert werden.

Und selbst mit Einverständnis kann ein Kompliment noch als merkwürdig oder als Belästigung empfunden werden. Aber wie kann das vermieden werden? Wie kannst du fremde Menschen im öffentlichen Raum ansprechen und kennenlernen? Das Team von *Catcalls of Stuttgart* hat Tipps gesammelt, wie ein respektvoller Umgang mit fremden Menschen aussieht:

- kurz anlächeln
- freundlich ansprechen und fragen, ob das okay ist
- körperliche Distanz wahren
- höflich sein
- »Nein« akzeptieren
- ehrlich gemeinte, seriöse Komplimente machen

Auch das Team von *Catcalls of Vienna* hat eine Umfrage unter seinen Follower:innen auf Instagram durchgeführt und sie gefragt, wie sie gerne angesprochen würden. Hier sind ihre Antworten:

- »Hey, du bist mir aufgefallen ...«
- »Hey, ich habe dich gesehen und finde dich interessant.«
- »Darf ich dir ein Kompliment machen?«
- »Hey, ich will dich nicht stören, aber du bist mir aufgefallen und ...«

- »Darf ich dir meine Nummer geben?«
- »Hallo, ich bin xyz. Ich bin öfter hier, hab dich gesehen und wollte mich vorstellen, falls wir uns hier noch öfter über den Weg laufen.«

 Diese Beispiele sind natürlich keine Garantie dafür, dass die Aussagen auch so ankommen, wie sie gemeint sind.

Eine Followerin von *Catcalls of Vienna* schreibt dem Team dazu: »*Hallo! Ich muss euch mal von einem positiven Ereignis erzählen, welches mich trotzdem zum Nachdenken gebracht hat. Ich war grad auf dem Weg irgendwohin, nachmittags. Von hinten lief mir ein Mann nach und hat ›Entschuldigung‹ gerufen. Ich dachte mir im ersten Moment schon: ›Oh nein, was will der denn jetzt?‹*

Er lief dann an mir vorbei, drehte sich zu mir und sagte: ›Es tut mir leid für die Störung. Ich mach es ganz kurz. Ich hab dich vorhin im Bus gesehen und finde dich toll. DARF ich dich kennenlernen?‹ Ich hab dankend abgelehnt und dann hat er mir noch einen schönen Tag gewünscht!

Dieses ›DARF ich dich kennenlernen?‹ hat mich total perplex dastehen lassen, weil ich gemerkt hab, dass ich schon davor in eine ›Abwehrhaltung‹ gegangen bin, um ihm verbal eine Abfuhr zu erteilen. Das war übrigens das ERSTE (!) Mal, dass ich höflich gefragt wurde.

Es ist doch einfach traurig, dass man mit einem blöden Spruch rechnet und es so gut wie nie vorkommt, dass einem Höflichkeit entgegengebracht wird.«

Auch das Team von *Catcalls of Bremen* hat seine Follower:innen auf Instagram um Beispiele zu Komplimenten von fremden Menschen im öffentlichen Raum gebeten. Hier sind ein paar ihrer Antworten:

- »Coole Tattoos!«
- »Schöne Brille!«
- »Tolle Haarfarbe!«
- »Du siehst echt sympathisch aus. Hast du Lust auf einen Kaffee?«
- »Du hast ein tolles Lächeln!«
- »Schönes Outfit!«

Dabei fällt auf: Diese Komplimente beziehen sich nicht auf den Körper oder einzelne Körperteile der angesprochenen Personen. Stattdessen nennen viele dieser Beispiele etwas, worauf die angesprochenen Personen selbst Einfluss hatten, zum Beispiel ihre Kleidung oder ihr Make-up. Über diese Aussagen haben sie sich gefreut – nicht einfach nur, weil jemand sie attraktiv fand, sondern auch, weil der Grund dafür der eigene Kleidungsstil oder die Tattoos waren, die sie selbst ausgewählt hatten. Im Fokus der Komplimente standen also für die angesprochenen Personen nicht nur ihr Aussehen, sondern vielmehr ihre eigenen Entscheidungen dazu. Sie wurden nicht als Körper, sondern als individuelle Personen gesehen und respektvoll behandelt.

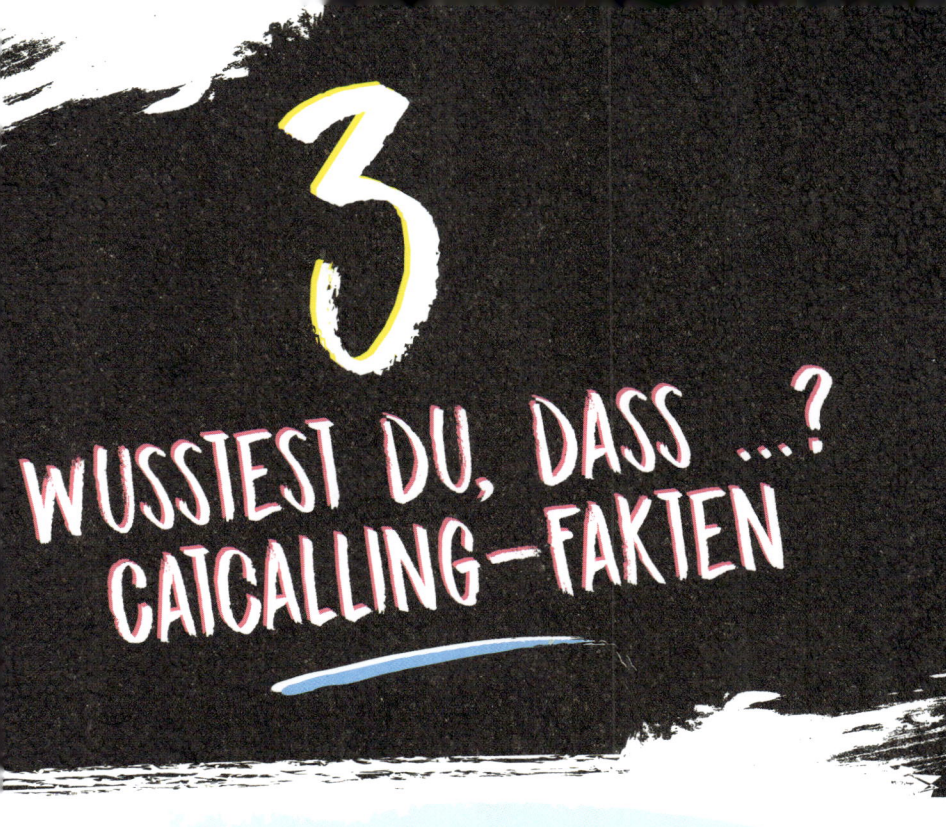

3
WUSSTEST DU, DASS ...?
CATCALLING—FAKTEN

Woher die Informationen auf den nächsten Seiten stammen, erkennst du an den Hintergrundfarben, die auf die jeweilige Studie verweisen.

Farbe 1: Hollaback! International Street Harassment Survey Project (Cornell University & Hollaback!, 2015)

Farbe 2: Hollaback! International Street Harassment Survey Project – Germany (Cornell University & Hollaback!, 2015)

Farbe 3: L'Oréal's Cause – International Survey on Sexual Harassment in Public Spaces (L'Oréal Paris & Ipsos, 2019)

Farbe 4: Sexuelle Bildung, sexuelle Grenzverletzungen und sexualisierte Gewalt (Institut für Angewandte Sexualwissenschaft Hochschule Merseburg, 2021)

Farbe 5: Safe in the City? (Plan International, 2020)

Farbe 6: Catcalling ist kein Kompliment! Verbale sexuelle Belästigung darf nicht verharmlost werden. (Kriminologisches Forschungsinstitut Niedersachsen, 2021)

Wer wird belästigt — wie und von wem?

78% aller *Frauen weltweit* haben bereits Belästigung im öffentlichen Raum erlebt, darunter

ANSTARREN, OBSZÖNE GESTEN

57%

HINTERHERPFEIFEN, KUSSGERÄUSCHE

55%

UNERWÜNSCHTE SEXUALISIERTE KOMMENTARE

51%

UNERWÜNSCHTE BERÜHRUNGEN

44%

VERFOLGUNG

37%

ENTBLÖSSUNG VON GENITALIEN

32%

 **82%** aller trans Frauen weltweit haben Belästigung aufgrund ihrer Geschlechtsidentität erlebt.

 Die hier genannten Fakten und Zahlen beziehen sich auf Deutschland, sofern nicht anders angegeben.

25% aller weiblichen und diversgeschlechtlichen Personen haben im öffentlichen Raum bereits sexualisierte Belästigung erlebt.

20% aller weiblichen und diversgeschlechtlichen Personen haben im öffentlichen Raum bereits Gewalt, Verfolgung oder Bedrohung erlebt.

97% DER DIVERSGESCHLECHTLICHEN, **94%** DER WEIBLICHEN UND **52%** DER MÄNNLICHEN

Jugendlichen haben sexualisierte Belästigung erlebt. Diversgeschlechtliche Jugendliche sind von allen Formen sexualisierter Belästigung am häufigsten betroffen, gefolgt von weiblichen Jugendlichen.

40,6% der Personen aus der LGBTQIA+ Community erleben Catcalling in ihrem Alltag ständig. Bei den Personen, die nicht zur LGBTQIA+ Community gehören, sind es **25,8%**.

Die Catcallenden sind

zu **97,2%**

MÄNNLICH

gelesene Personen

zu **2,7%**

WEIBLICH

gelesene Personen

zu **0,1%**

DIVERS-GESCHLECHTLICH

gelesene Personen

49,3% der Betroffenen berichteten, dass meistens zwei bis drei Täter:innen beteiligt waren.

Bei **47,6%** waren es meistens nur einzelne Täter:innen.

So alt schätzen die Betroffenen die Täter:innen ein:

unter 20 Jahre: **3,6 %**

20 bis 29 Jahre: **49,7 %**

30 bis 39 Jahre: **27,7 %**

40 bis 49 Jahre: **13,9 %**

50 bis 59 Jahre: **4,5 %**

So alt sind Betroffene bei ihrer ersten Erfahrung
mit Catcalling oder anderen Formen von Belästigung
im öffentlichen Raum:

10 Jahre alt oder jünger: **16,5 %**

11–12 Jahre alt: **21,1 %**

13–14 Jahre alt: **30,2 %**

15–16 Jahre alt: **17,4 %**

17–20 Jahre alt: **10,8 %**

21–25 Jahre alt: **3,1 %**

25 Jahre alt oder älter: **0,9 %**

68 %

der Betroffenen werden

VOR IHREM 15. LEBENSJAHR

zum ersten Mal belästigt

85 %

der Betroffenen werden

VOR IHREM 17. LEBENSJAHR

zum ersten Mal belästigt

Im Durchschnitt sind Betroffene bei ihrer ersten Erfahrung mit Catcalling 13,8 Jahre alt.

Am häufigsten erlebten Betroffene Catcalling im Alter von 19,4 Jahren.

Bei dieser Studie waren viele Teilnehmer:innen sehr jung, was natürlich Einfluss auf das durchschnittliche Alter mit den häufigsten Catcalling-Erfahrungen nimmt. Grundsätzlich zeigt die Studie aber: Je jünger die Betroffenen, desto häufiger erleben sie Catcalling.

Wo und wann findet Belästigung im öffentlichen Raum statt?

Betroffene erleben Catcalling vor allem an diesen Orten:

öffentliche Straßen, Plätze und Parks: 84,1 %

öffentliche Verkehrsmittel: 62 %

Sport: 31,2 %

Kneipe oder Bar: 51,7 %

Disco oder Club: 54,3 %

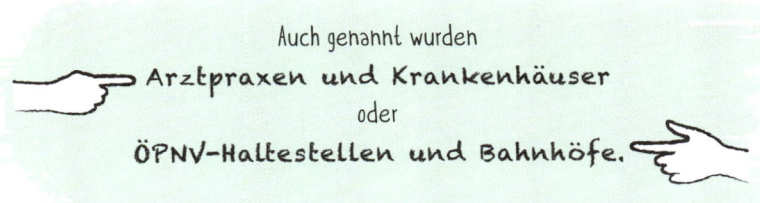

Auch genannt wurden

Arztpraxen und Krankenhäuser

oder

ÖPNV-Haltestellen und Bahnhöfe.

Gründe, weshalb bestimmte Orte im
öffentlichen Raum als unsicher empfunden werden

30 % beruhend auf einem konkreten Vorfall

70 % allgemeines Unsicherheitsgefühl an diesem Ort

Dieses Unsicherheitsgefühl ist zum Beispiel
bedingt durch

SUSPEKTE PERSONEN

SCHLECHTE BELEUCHTUNG

EINSAME GEGEND

Am häufigsten (46,9 %) erleben Betroffene Catcalling am Abend.

32,0 % der Betroffenen erleben Catcalling am häufigsten nachmittags.

12,7 % der Betroffenen erleben nachts die meisten Vorfälle von Catcalling.

Mittags (4,8 %),
vormittags (2,6 %)
und **morgens** (1,0 %)
kommt Catcalling seltener vor.

66,4 % der Betroffenen erleben Catcalling am häufigsten, wenn sie **allein** unterwegs sind.

20,2 % der Betroffenen erleben Catcalling dann am häufigsten, wenn sie in einer

Gruppe mit ausschließlich weiblich gelesenen Personen

unterwegs sind.

So alltäglich ist Catcalling

Von Catcalling Betroffene berichteten,
über einen Zeitraum von 3 Monaten
diese Verhaltensweisen im öffentlichen Raum
erlebt zu haben:

Bewertung des Aussehens: **91,7 %**

 Anstarren: **82,5 %**

Anzügliche Bemerkungen: **64,0 %**

Aufdringlichkeit: **61,1 %**

Anhupen/Anklingeln: **60,0 %**

Pfeifen: **59,2 %**

Beleidigung aufgrund des Geschlechts: **58,8 %**

Sexistische Ansprache: **58,8 %**

Sexuelle Annäherungsversuche: **58,7 %**

Obszöne Witze: **58,3 %**

Rufe aus Fahrzeugen: **55,6 %**

Verfolgung: **47,4 %**

Obszöne Laute: **45,5 %**

Sexistische Beschimpfung: **42,8 %**

Sexuelle Geste/Pantomime: **41,9 %**

 Sexuelle Fragen: **37,7 %**

Kussgeräusche: **36,4 %**

Sexuelle Aufforderungen: **33,8 %**

Dabei berichteten manche Betroffene, diese
Verhaltensweisen ständig oder oft erlebt zu haben:

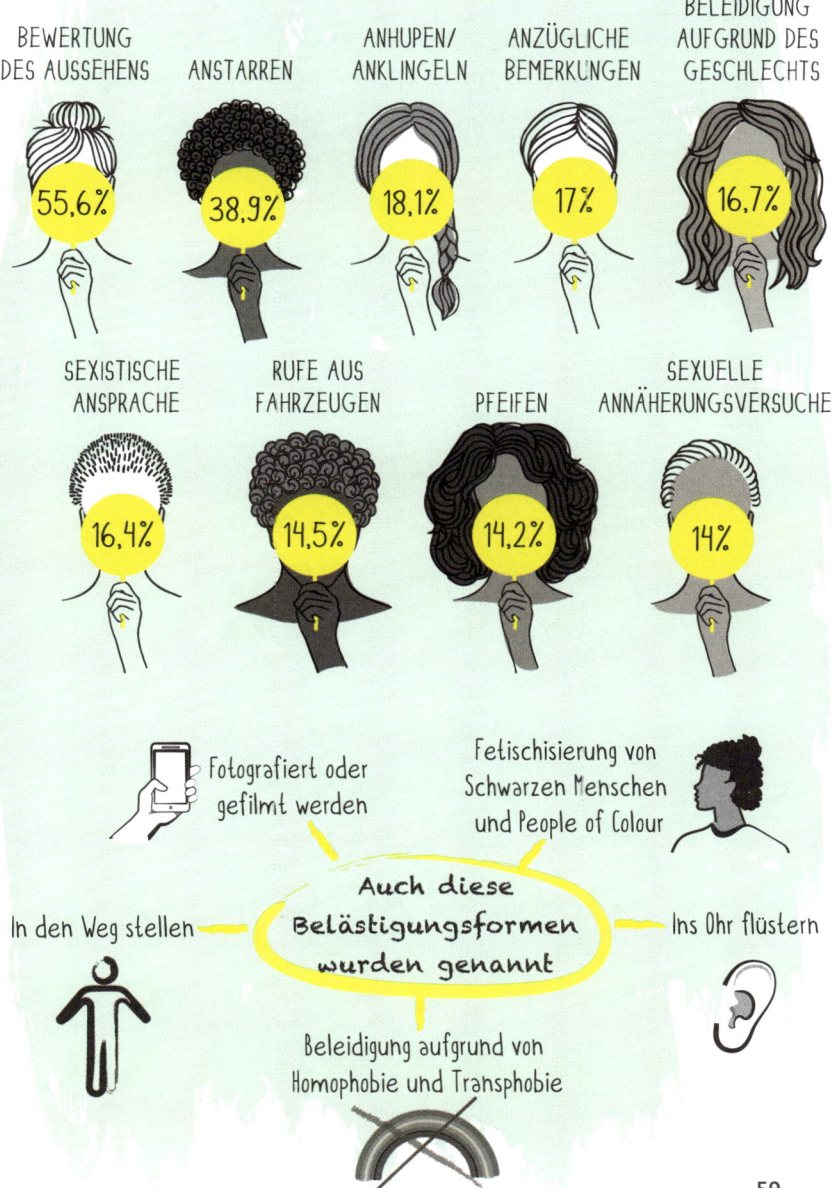

BEWERTUNG
DES AUSSEHENS
55,6%

ANSTARREN
38,9%

ANHUPEN/
ANKLINGELN
18,1%

ANZÜGLICHE
BEMERKUNGEN
17%

BELEIDIGUNG
AUFGRUND DES
GESCHLECHTS
16,7%

SEXISTISCHE
ANSPRACHE
16,4%

RUFE AUS
FAHRZEUGEN
14,5%

PFEIFEN
14,2%

SEXUELLE
ANNÄHERUNGSVERSUCHE
14%

Fotografiert oder
gefilmt werden

Fetischisierung von
Schwarzen Menschen
und People of Colour

In den Weg stellen —

Auch diese
Belästigungsformen
wurden genannt

— Ins Ohr flüstern

Beleidigung aufgrund von
Homophobie und Transphobie

Wer hilft in Belästigungssituationen — und wer hilft nicht?

In den meisten Belästigungssituationen bieten Umstehende den betroffenen Personen keine Hilfe an; aber wenn Umstehende ihre Hilfe anbieten, fühlen die Betroffenen sich besser.

80%

der Betroffenen sprachen nach einer Catcalling-Erfahrung mit jemandem darüber.

5%

der Betroffenen haben sich wegen Catcalling schon mal an die Polizei gewandt.

Ein Drittel machte dabei keine positiven Erfragungen.

Ein Fünftel fühlte sich sogar von den Beamt:innen

An Vertrauenspersonen wandten sich nach einem sexualisierten Übergriff

61% DER WEIBLICHEN jugendlichen Betroffenen

49% DER DIVERSGESCHLECHTLICHEN jugendlichen Betroffenen

37% DER MÄNNLICHEN jugendlichen Betroffenen

So beeinträchtigt Belästigung im öffentlichen Raum Betroffene:

21% hatten deshalb schon **VERSPÄTUNG** zur Schule oder zur Arbeit.

22% zeigen deshalb ihrem:ihrer Partner:in **IN DER ÖFFENTLICHKEIT KEINE ZUNEIGUNG**.

29% möchten deshalb **UMZIEHEN** oder sind deshalb umgezogen.

34% tragen deshalb eine **WAFFE** (zum Beispiel Pfefferspray) bei sich.

40% haben deshalb ihr **VERHALTEN GEGENÜBER ODER IHRE BEZIEHUNG ZU FREUND:INNEN GEÄNDERT**.

42% haben deshalb schon mal eine **VERABREDUNG NICHT WAHRGENOMMEN**.

45% haben deshalb ihren **KLEIDUNGSSTIL GEÄNDERT**.

47% können sich deshalb in der Schule oder auf der Arbeit **NICHT KONZENTRIEREN**.

48% haben deshalb einen **SELBSTVERTEIDIGUNGSKURS** absolviert.

50% GEHEN DESHALB ABENDS ODER NACHTS NICHT AUS.

50% haben deshalb eine Veranstaltung schon mal **ZU EINEM ANDEREN ZEITPUNKT ALS GEPLANT VERLASSEN**.

55% VERMEIDEN DESHALB BESTIMMTE ORTE.

66% nehmen deshalb lieber ein **TAXI**, als zu laufen oder öffentliche Verkehrsmittel zu nutzen.

80% haben deshalb schon ihren **WEG NACH HAUSE ODER WOANDERSHIN GEÄNDERT**.

Diese Gefühle empfinden Betroffene bei:

verbaler und nonverbaler
Belästigung im öffentlichen Raum

Verfolgung

vor allem

vor allem

Wut

Anspannung

Angst

körperlicher sexualisierter
Belästigung im öffentlichen Raum

Belästigung
durch
Entblößung

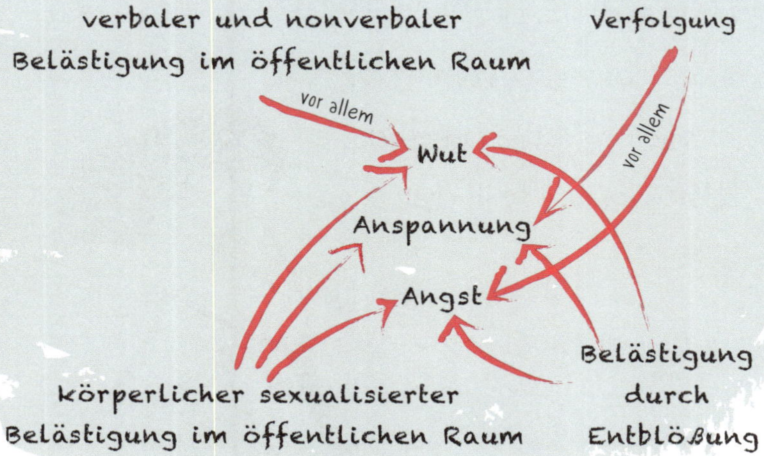

Auch diese Gefühle empfinden Betroffene
bei Catcalling:

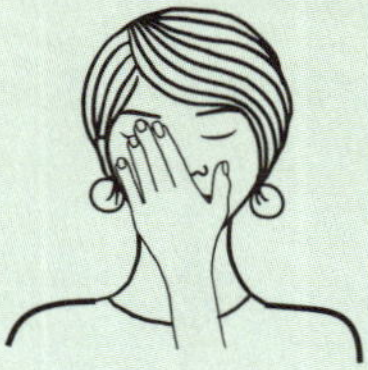

Gefühl der Bloßstellung: 48,8%
Kränkung der Ehre: 28,9%

Diese Gefühle löst Catcalling langfristig
in Betroffenen aus:

Unsicherheit (an bestimmten Orten): 57%
Unwohlsein (nachts allein unterwegs): 62,2%
generelle Ängstlichkeit: 52,8%

Häufige Folgen von Catcalling sind
eine Selbst-Objektifizierung der Betroffenen
und Körperscham.

DEPRESSIVE GEFÜHLE und/oder ein **GERINGES SELBSTWERTGEFÜHL** sind langfristige Folgen von Belästigung im öffentlichen Raum.

Stark bis sehr stark leiden unter erlebter sexualisierter Belästigung

30% DER DIVERSGESCHLECHTLICHEN jugendlichen Betroffenen

25% DER WEIBLICHEN jugendlichen Betroffenen

7% DER MÄNNLICHEN jugendlichen Betroffenen

Überhaupt nicht leiden unter erlebter sexualisierter Belästigung

59% DER MÄNNLICHEN jugendlichen Betroffenen

32% DER WEIBLICHEN jugendlichen Betroffenen

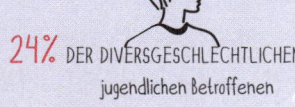

24% DER DIVERSGESCHLECHTLICHEN jugendlichen Betroffenen

4
ES IST NICHT DEINE SCHULD

Wenn du schon mal mit anderen über Catcalling und deine Erfahrungen damit gesprochen hast, hast du vielleicht erlebt, dass sie das Problem verharmlost haben: »Aber es ist doch nichts passiert!« Vielleicht haben sie dir sogar die Schuld daran gegeben: »Also, so wie du dich anziehst, musst du dich auch nicht wundern.« Viele Betroffene von sexualisierter Belästigung und sexualisierter Gewalt erleben, dass die Vorfälle nicht ernst genommen werden, wenn sie anderen davon erzählen.

Das Team von *Catcalls of Berlin* hat seine Follower:innen gefragt, ob ihnen schon mal die Schuld daran gegeben wurde, dass sie belästigt wurden. 75 % haben darauf mit »Ja« geantwortet. Das ist natürlich keine repräsentative Umfrage, aber dennoch ein sehr deutliches Stimmungsbild. Wenn du also selbst auch schon einmal Victim Blaming erlebt hast, bist du damit nicht allein!

Um belästigendes Verhalten zu entschuldigen, werden häufig dieselben »Argumente« genutzt, die aber in Wirklichkeit gar keine sind. Diese Begründungen sind sogenannte Mythen – gesellschaftliche Annahmen und Glaubenssätze, die als wahr akzeptiert und weiterverbreitet werden, *auch wenn es dafür gar keine Belege gibt!* Aber diese falschen Glaubenssätze bestimmen, wie in einer Gesellschaft über sexualisierte Gewalt gedacht wird – und wie dann damit umgegangen wird. Sie begegnen dir nicht nur im Zusammenhang mit Catcalling und anderen Formen von sexualisierter Belästigung, sondern auch oft, wenn es um schwerere sexuelle Übergriffe geht.

In der Soziologie gibt es den Begriff »Vergewaltigungsmythen«. Dieser beschreibt gesellschaftliche Vorstellungen davon, wie sexualisierte Gewalt ausgeübt wird. Zum Beispiel glauben viele Menschen, dass sexuelle Übergriffe meistens von fremden Personen ausgehen, die anderen verdeckt auflauern und sie dann ins Gebüsch ziehen. Häufig sind Täter:innen aber Bekannte, Freund:innen oder Verwandte.

Vergewaltigungsmythen beschreiben also Glaubenssätze, die falsch sind. Trotzdem bestimmen sie das gesellschaftliche Verständnis von sexualisierter Gewalt und bauen starre Vorstellungen davon auf, was eine Vergewaltigung ist – und was nicht. Das wirkt sich dann auch darauf aus, wie eine Gesellschaft mit diesen Fällen umgeht: Wenn sie nicht in das feste gesellschaftliche Bild von sexualisierter Gewalt passen, werden sie nicht akzeptiert. Stattdessen werden die Übergriffe entschuldigt und verharmlost oder Betroffenen wird die Schuld daran gegeben.

So falsch denkt unsere Gesellschaft über Catcalling und sexualisierte Gewalt

Wenn die hier genannten gesellschaftlichen Glaubenssätze die Begriffe »Männer« oder »Frauen« verwenden, werden diese dabei nicht differenziert verstanden. Wenn hier solche Denkweisen wiedergegeben werden, werden damit also ausschließlich cis Personen bezeichnet, da dies im alltäglichen Sprachgebrauch und Denken leider noch die Norm ist.

Dies sind Beispiele für Glaubenssätze, die belästigendes und übergriffiges Verhalten entschuldigen:

- »Ach, er meint das doch gar nicht so!«
- »Na ja, er hatte halt schon ein bisschen was getrunken. Da konnte er sich einfach nicht so gut unter Kontrolle haben.«
- »Das war doch nur Spaß!«
- »Jungs sind halt so. Die können nicht anders.«
- »Ach, das war doch nur ein Versehen!«

Mir wurde gesagt, Männer hätten halt stärkere Triebe und könnten deshalb nicht anders.

Manche Glaubenssätze geben sogar Betroffenen selbst die Schuld:

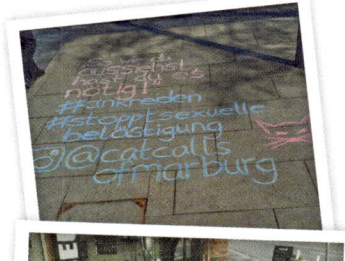

- »Na ja, wenn du dir nichts Ordentliches anziehst, ist das kein Wunder.«
- »Du hast halt so ein lockeres, entgegenkommendes Wesen.«
- »Warum war sie auch so spät allein unterwegs?«
- »Betrunken bist du ja auch total flirty. Also selbst schuld.«
- »Deine Anwesenheit als Frau provoziert das halt.«
- »Na, die hat doch schon so viele gehabt!«
- »Du hättest deutlicher ›Nein‹ sagen sollen.«
- »Die tanzt aber auch so aufreizend.«
- »Das hättest du besser wissen sollen.«
- »Warum hat sie überhaupt mit ihm gesprochen?«

Mir wurde gesagt, ich sei selbst schuld, wenn ich belästigt werde, weil ich ja schon so viele Sexualpartner gehabt hätte.

Jemand meinte mal, ich solle mich nicht beschweren, wenn ich mich im Gym so freizügig anziehe.

Es wurde damit begründet, dass ich zu naiv und zu nett zu Männern sei.

Mir wurde gesagt, dass ich das mit meiner Kleidung provoziert hätte. Ich war damals neun Jahre alt und trug eine Schuluniform.

Es gibt auch Glaubenssätze, die Betroffenen unterstellen, dass sie Aufmerksamkeit wollen und deshalb Belästigung provozieren – oder erfinden:

- »Aber wenn du so einen kurzen Rock anziehst, willst du doch Aufmerksamkeit!«
- »Als ob ihr das wirklich passiert ist. Bestimmt will sie nur Aufmerksamkeit bekommen.«

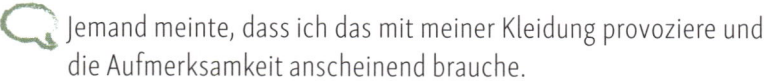 Jemand meinte, dass ich das mit meiner Kleidung provoziere und die Aufmerksamkeit anscheinend brauche.

Mir wurde gesagt, wenn ich mich so anziehe, würde ich ja geradezu darum betteln.

Manche Glaubenssätze behaupten, dass Betroffene sich insgeheim über die Aufmerksamkeit freuen. Besonders männlichen Betroffenen wird Belästigung so abgesprochen:

- »Andere freuen sich darüber – du etwa nicht?«
- »Aber so ein bisschen mochtest du das doch, oder nicht?«
- »Ach, als ob er das so schlimm fand. Männer freuen sich doch, wenn Frauen sie anmachen.«

 Mir wurde gesagt, ich hätte es doch auch gewollt.

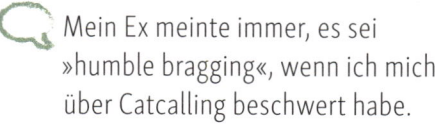 Mein Ex meinte immer, es sei »humble bragging«, wenn ich mich über Catcalling beschwert habe.

Andere Glaubenssätze verharmlosen und normalisieren Catcalling oder sprechen Betroffenen ihre Erfahrungen und Gefühle dazu ab:

- »Also, ich finde nicht, dass das Belästigung ist.«
- »Frauen heutzutage sind auch echt so empfindlich.«
- »Ist doch nichts passiert!«
- »Du hast das falsch verstanden!«
- »Na ja, du reagierst schon etwas über. Sei doch nicht so dramatisch!«
- »Freu dich doch! Nimm es einfach als Kompliment!«
- »Ach, so schlimm ist das doch nicht. Das sind doch nur missglückte Flirtversuche.«
- »Worte tun doch nicht weh.«
- »Hör doch einfach weg.«
- »Dann geh halt nicht raus, wenn das für dich ein Problem ist.«

Ich dachte früher, das sei normal, bis meine Mama mich aufgeklärt hat.

Jemand meinte mal: »Du bist halt hübsch, da ist es normal, dass du angegrapscht wirst.«

Ich hab mitgekriegt, wie ein Bruder meines Freundes sich über Frauen ausgelassen hat, dass die so oberflächlich seien – wenn der Typ unattraktiv ist, würden sie gleich »sexuelle Belästigung« schreien. Im Gegensatz dazu würde er sich doch einfach freuen, wenn ihm eine Frau ein Kompliment machen würde, auch wenn sie hässlich wäre. Also hat er sich gefragt, warum sie nicht einfach die Komplimente entgegennehmen und sich bedanken.

Als ich das mitgekriegt habe, wusste ich gar nicht, wo ich anfangen soll, weil es von vorn bis hinten so falsch ist. Nachdem ich ihn darüber aufgeklärt habe, wie die »Komplimente« geäußert werden und in welchen Lokalitäten, und dass sie eben sexuell sind, und das ohne Kontext von einem Mann, der in den allermeisten Fällen körperlich überlegen ist und so weiter ... Da hat er dann etwas gesagt wie: »Ah, ach sooo, na, das konnte ICH ja nicht wissen, wenn es mir keiner sagt. Woher hätte ich es wissen können, im Ernst.« Aber trotzdem erst mal über die Oberflächlichkeit von Frauen lästern.

Oft wird auch infrage gestellt, ob diese Art von Belästigung tatsächlich so viele Menschen erfahren – oder ob wirklich vor allem FLINTA*-Personen betroffen sind:

- »Übertreib doch nicht. Als ob das so oft passiert.«
- »Das sind doch nur Einzelfälle.«
- »Aber Männern passiert das auch.«

Zum Glück bekomme ich in meinem Freundeskreis viel Verständnis, wenn ich von Erfahrungen mit Catcalling berichte – auch von Männern. Aber viel zu oft heißt es doch: »Stell dich doch nicht so an« oder: »Das wünschst du dir doch nur – ich hab das noch nie mitbekommen«.

Nein, natürlich bekommt das nicht immer jede:r mit. Zum einen wird Catcalling absolut verharmlost und zum anderen wird man eh fast nie in Begleitung eines Mannes angelabert. Verstehen Nichtbetroffene denn nicht, dass die meisten Frauen nicht ohne Grund Angst haben, nachts allein nach Hause zu gehen?

Du siehst, es gibt viele vermeintliche Argumente, mit denen sexualisierte Belästigung und sexualisierte Gewalt entschuldigt, verharmlost oder relativiert werden. Das führt dazu, dass dieses Problem gesellschaftlich unsichtbar gemacht wird. Besonders problematisch sind dabei zwei Muster: Verharmlosung und Victim Blaming.

Ist doch nichts passiert! – Verharmlosung

Aussagen wie »Aber das war doch nur ein Kompliment!« sind problematisch, weil sie Catcalling verleugnen und verharmlosen. Denn auch verbale sexualisierte Belästigung beeinträchtigt Betroffene – nicht nur in der Situation selbst, sondern auch langfristig. Vielleicht ändern sie deshalb ihr Verhalten, indem sie bestimmte Orte meiden oder nachts nicht mehr oder nicht allein rausgehen. Vielleicht entwickeln sie ein geringes Selbstwertgefühl oder depressive Gefühle. Denn: Catcalling ist nicht harmlos. Im Gegenteil – auch Worte können Schaden anrichten!

Verharmlosende Aussagen sprechen Betroffenen ihre Gefühle zu dem Vorfall ab – obwohl Betroffene selbst genau spüren und wissen, wenn jemand bei ihnen eine Grenze überschritten hat. Niemand anders kann das beurteilen – und doch haben erstaunlich viele Menschen eine Meinung dazu. Aber denk an die Faustregel aus ⇒ *Kapitel 2*: Wenn es für dich unangenehm war und du es als Belästigung empfunden hast, kannst du es auch so nennen.

Wenn die Einschätzung von Betroffenen verleugnet wird, kann das zur Folge haben, dass sie ihrer eigenen Wahrnehmung nicht mehr vertrauen und übergriffige Situationen nicht mehr als solche einordnen. Vielleicht kennst du das – wenn dir jemand zu verstehen gibt, dass du einen Vorfall »falsch einschätzt« oder »übertreibst«, beginnst du, darüber nachzudenken, ob du nicht doch etwas falsch verstanden hast oder ob deine Grenzen nicht vielleicht »zu streng« sind. Lass dir das niemals von irgendjemandem einreden! Womit du dich wohlfühlst und womit nicht, ist ganz allein deine Sache!

Gerade wenn Kinder betroffen sind – denn auch Kinder erfahren Catcalling! –, wird oft behauptet, dass sie die Situation falsch verstanden haben müssen: »Aber Kinder wissen doch gar nicht, was Belästigung ist!« Solche Aussagen sind extrem gefährlich. Kinder wissen vielleicht nicht, was sexualisierte Belästigung ist. Aber sie wissen ganz genau, wenn sie sich mit etwas nicht wohlfühlen. Und dieses Unwohlsein sollte niemals verharmlost werden. Wenn Kinder nicht aussprechen dürfen, dass sie sich mit einem Verhalten unwohl fühlen, lernen sie, dass solche Aussagen oder Handlungen »normal« und »akzeptabel« sind – und dass ihre Gefühle dazu nicht wichtig sind. Das führt dazu, dass es ihnen schwererfällt, ihre eigenen Grenzen abzustecken und sich gegen übergriffiges Verhalten zu wehren.

Es kann auch zur Folge haben, dass sie dieses Verhalten nachahmen und so aufrechterhalten. Auch jugendlichen und erwachsenen Betroffenen schadet es, wenn Belästigung verharmlost wird: Wenn sie ihrer eigenen Einschätzung nicht mehr vertrauen können oder sich ständig selbst hinterfragen, fällt es ihnen schwerer, ihre eigenen Grenzen zu setzen und aufrechtzuerhalten. Sie trauen sich weniger, laut zu sagen, wenn sie etwas nicht wollen. Vergiss nicht, dass du das immer kannst! Du kannst immer »Nein« sagen, wenn du etwas nicht willst. Du musst das auch gar nicht begründen. Ein »Nein« reicht völlig aus und ist immer deutlich genug. Und »Nein« muss immer, immer respektiert und akzeptiert werden.

Verharmlosung hat noch eine andere Folge: Es ist für viele Betroffene sowieso schon nicht leicht, sich zu öffnen und über Belästigung zu sprechen, denn oft fühlen sie sich dadurch verletzlich. Einer anderen Person eine Erfahrung anzuvertrauen, die mit Scham, Verwirrung, Angst und vielen anderen Gefühlen verbunden ist, kostet einiges an Überwindung und Mut. Und wenn deine Erfahrung und deine Gefühle dann infrage gestellt werden, nachdem du dich jemandem anvertraut hast, schämst du dich vielleicht noch mehr. Vielleicht fühlst du dich sogar zurückgewiesen. Du hast dich verletzlich gemacht – und das Erlebte wurde nicht nur nicht ernst genommen, sondern auch noch verharmlost und verleugnet. Das schmerzt sehr.

Wenn Betroffene erleben, dass ihre Erfahrungen und ihre Gefühle nicht ernst genommen werden, fällt es ihnen schwerer, mit anderen darüber zu sprechen. Das gilt besonders für Männer, da ihnen oft entgegnet wird, dass sie sich doch über die Aufmerksamkeit freuen sollen oder dass sie ja gar nicht beläs-

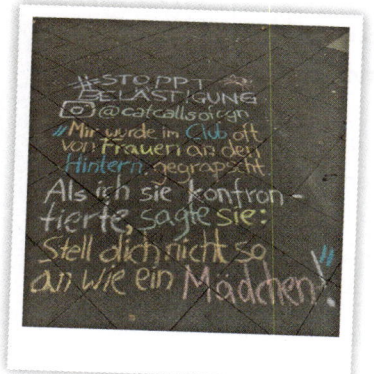

tigt werden können. Aber auch Jungen und Männer können sexualisierte Belästigung und sexualisierte Gewalt erfahren, besonders dann, wenn sie durch ihre Geschlechtsidentität oder ihre sexuelle Orientierung einer marginalisierten Gruppe angehören. Doch auch cis-hetero Männer erfahren sexuelle Übergriffe – und werden damit oft nicht ernst genommen.

Dabei ist es für alle Betroffenen so wichtig, darüber zu sprechen und sich anderen anzuvertrauen! Es hilft, verstanden zu werden. Deshalb gibt es auch Hilfe- und Anlaufstellen, die zuhören, Verständnis zeigen und Ratschläge zum Umgang mit sexualisierter Belästigung und Gewalt geben. Wenn Betroffene aber zuvor mit ihren Erfahrungen auf Verharmlosung und Unverständnis gestoßen sind, trauen sie sich vielleicht nicht, diese Hilfe in Anspruch zu nehmen, obwohl sie sie eigentlich bräuchten. Und das ist eine sehr gefährliche Folge von Verharmlosung.

→ Eine Liste mit Ressourcen und Hilfestellen findest du im **Anhang**.

Aber was kannst du antworten, wenn du dich jemandem anvertraut hast und die Person deine Erfahrung nicht ernst nimmt? Das Allerwichtigste ist, dass du bei dir und deiner Einordnung des Vorfalls bleibst. Du kannst deinem eigenen Urteil vertrauen und brauchst niemanden, der das bestätigt. Denn du allein weißt, wenn du belästigt wurdest. Du allein weißt, wo deine Grenzen liegen und wann sie überschritten wurden. Und genau das kannst du sagen, wenn jemand deine Erfahrung verharmlost.

Warum trägst du auch so einen kurzen Rock? - Victim Blaming

Betroffene von sexualisierter Belästigung und sexualisierter Gewalt werden oft sehr misstrauisch behandelt, wenn sie von einem Vorfall berichten. In unserer Gesellschaft ist häufig der erste Gedanke: »Aber hat die betroffene Person sich ›in Ordnung‹ verhalten? Ist sie wirklich ein ›echtes Opfer‹? Oder hat sie dieses Verhalten ›verdient‹, weil sie es provoziert oder sich nicht gut genug geschützt hat?«

Der Begriff »Opfer« reduziert Betroffene von sexualisierter Gewalt auf die Tat. Deshalb spricht dieses Buch von betroffenen Personen oder Betroffenen. Weil aber hier eine problematische gesellschaftliche Denkweise Thema ist, die den Begriff nutzt, wird er hier genannt.

Diese Fragen betreiben Victim Blaming: Dabei wird die Verantwortung nicht der Person gegeben, die jemanden belästigt, sondern der Person, die belästigt wird. Durch diese Umkehr an Schuld wird das Verhalten von Catcallenden entschuldigt.

Unausgesprochen ist dabei der Glaubenssatz, dass »Männer halt nicht anders können«, als seien sie nicht in der Lage, ihr Handeln zu kontrollieren, wenn sie zum Beispiel einen kurzen Rock sehen. Aber wie andere gesellschaftliche Glaubenssätze zu sexualisierter Belästigung ist auch dieser falsch. Belästigendes Verhalten ist nicht biologisch begründet. Es kann nicht auf männliche Hormone geschoben werden. Denn: Wenn dieses Verhalten wirklich biologisch begründet wäre, würden ja *alle* cis Männer so handeln – was aber nicht der Fall ist.

Ich habe eine große Oberweite. Mir wird oft gesagt: »Da darfst du halt keinen Ausschnitt anziehen. Du weißt doch, dass Männer sich nicht beherrschen können. Hab dich nicht so – wo soll er denn sonst hingucken?«

»Argumente«, die in diese Richtung gehen, sind keine Fakten. Sie werden zwar so präsentiert, als seien sie wissenschaftlich begründet. In Wahrheit sind diese Begründungen aber biologistisch. Dieser Begriff bedeutet im Zusammenhang mit sexualisierter Belästigung und sexualisierter Gewalt, dass angeblich  biologische Fakten genutzt werden, um ein bestimmtes Verhalten zu erklären und begründen.

Auch wenn nicht behauptet wird, dass cis Männer beim Anblick eines kurzen Rocks die Kontrolle über ihr Handeln verlieren, wird die Kleidung von Betroffenen häufig als Grund für Belästigung genannt: »Aber wenn du dich so anziehst, willst du doch Aufmerksamkeit bekommen! Wenn du solche Signale aussendest, reagieren Männer halt darauf, weil sie annehmen, dass du angesprochen werden möchtest.«

Aber: Belästigung wird nicht durch Kleidung provoziert. Die Einsendungen an die *Chalk Back* Accounts zeigen, dass weiblich gelesene Personen auch dann belästigt werden, wenn sie unauffällige oder bedeckende Kleidung tragen, wie zum Beispiel Wintermäntel, Kapuzenpullover, Jogginghosen, Hijabs oder Masken.

Das Team von *Catcalls of Berlin* hat sogar schon eine Einsendung von einer Person bekommen, die belästigt wurde, als sie ein Ganzkörperteddykostüm trug, bei dem wirklich absolut nichts zu sehen war. Die Ursache für Belästigung ist also kein kurzer Rock, keine enge Sporthose und auch kein Ausschnitt. Kleidung ist nichts weiter als Kleidung – und Körper sind nichts weiter als Körper.

Aber woher kommt dann der Glaubenssatz, dass ein kurzer Rock gezielt Aufmerksamkeit hervorrufen soll? Der Grund, weshalb bestimmte Kleidungsstücke sexualisiert werden, wenn weiblich gelesene Personen sie tragen, ist, dass ihre Körper sexualisiert werden. Dabei sind weiblich gelesene Körper nicht von Natur aus »aufreizend« – diese Bedeutung wird ihnen zugeschrieben.

Warum zum Beispiel sind »weibliche« Nippel auf Instagram tabu, aber »männliche« Nippel okay? Dafür gibt es keinen Grund außer der Bedeutung, die diese Körperteile in unserer Gesellschaft haben. Während Nippel auf einem flachen Brustkorb nichts weiter sind als Nippel, wird weiblich gelesenen Nippeln ein sexueller Reiz zugeschrieben.

Weiblich gelesene Personen werden auch für ganz alltägliche Dinge sexualisiert, zum Beispiel für das Essen einer Banane, Lecken an Eis, Hinhocken, Vornüberbeugen oder Fahrradfahren. All diesen Dingen wird eine sexuelle Bedeutung zugeschrieben, wenn weiblich gelesene Personen sie ausüben.

Dasselbe gilt auch für Kleidung: Bestimmte Kleidungsstücke – kurze Röcke oder Kleider, Oberteile mit Ausschnitt oder eng anliegende Kleidung wie zum Beispiel Yogahosen – werden oft als »freizügig« bezeichnet. Damit werden sie mit sexueller Ungezwungenheit und Verfügbarkeit gleichgesetzt. Das ist deshalb problematisch, weil Kleidung dabei von außen eine bestimmte Symbolik zugeschrieben wird.

Für Personen, die vermeintlich freizügige Kleidung tragen, hat die Kleidung nicht primär die Funktion, sexuelle Ungezwungenheit zu signalisieren. Klar kann sie das, aber Kleidung ist auch Ausdruck von Geschmack und Persönlichkeit. Und nicht zuletzt haben manche Kleidungsstücke auch einfach eine bestimmte Funktion. Eine Yogahose zum Beispiel ist hauptsächlich eine bequeme Hose für den Yogakurs. Und ein kurzer Rock ist hauptsächlich leichte Kleidung bei heißem Wetter.

FLINTA*-Personen kleiden sich nicht oder nicht generell immer mit der Intention, (männliche) Aufmerksamkeit auf sich zu ziehen. Und ein kurzer Rock ist keine Einladung, sondern einfach ein kurzer Rock – oder vielleicht sogar ein rebellisches feministisches Symbol: In den 1960er-Jahren wurde der Minirock zu einem Zeichen für die sexuelle Befreiung von weiblich gelesenen Personen. Das bedeutet aber nicht, dass ein kurzer

Rock als Einladung oder Blanko-Einverständnis zu verstehen ist. Denn das ist das exakte Gegenteil von sexueller Selbstbestimmung.

Problematisch wird es also, wenn vermeintlich freizügiger Kleidung von außen eine Bedeutung zugeschrieben wird. Der Glaubenssatz, dass »freizügige« Kleidung sexuelle Ungezwungenheit und Verfügbarkeit bedeutet, entsteht aus einer fremden Perspektive. Dieser fremde Blick wird als Male Gaze, Englisch für »männlicher Blick«, bezeichnet. Der Begriff beschreibt eine cis männliche, heterosexuelle Perspektive, aus der weiblich gelesene Personen hauptsächlich als Sexobjekte wahrgenommen werden. Das bedeutet, dass der Male Gaze die Körper von weiblich gelesenen Personen objektifiziert und sexualisiert, indem er sie zu Objekten für cis männliche, heterosexuelle Begierde macht.

Aus der Perspektive des Male Gaze werden also bestimmte Kleidungsstücke gesellschaftlich sexualisiert und so als Symbole für sexuelle Verfügbarkeit verstanden. Dieses Anspruchsdenken, dass weiblich gelesene Personen im öffentlichen Raum als Sexobjekte zur Verfügung stehen, findet zum Beispiel Ausdruck in Catcalling und anderen Formen sexualisierter Belästigung und auch sexualisierter Gewalt. Bei verbaler Belästigung wird Anspruch erhoben auf die Aufmerksamkeit einer Person, bei körperlicher Belästigung und sexualisierter Gewalt gilt dieser Anspruch dem Körper selbst. Manchmal werden Betroffenen von Catcalling auch explizite Angebote gemacht, als ständen ihre Körper im öffentlichen Raum zum Verkauf. Durch Victim Blaming wird dieses Anspruchsdenken dann begründet und entschuldigt: »Aber wenn sie so ein enges Kleid trägt, will sie das doch!«

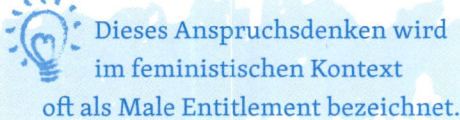

Dieses Anspruchsdenken wird im feministischen Kontext oft als Male Entitlement bezeichnet.

Neben Kleidung werden auch oft Ort und Tages- oder Nachtzeit genannt, um Betroffene für Belästigung verantwortlich zu machen. Auch Alkohol wird häufig genutzt, um belästigendes Verhalten zu entschuldigen, indem er als Grund genannt wird, weshalb cis Männer ihr Verhalten nicht kontrollieren können: »Ach, er hatte einfach schon etwas getrunken. Da hat er sich halt nicht so gut unter Kontrolle« oder: »Für sein betrunkenes Verhalten solltest du ihn aber wirklich nicht verurteilen«. Umgekehrt wird Alkohol allerdings als »Argument« genutzt, um FLINTA*-Personen die Schuld zu geben, wenn sie belästigt werden: »Du sendest halt verwirrende Signale, wenn du angetrunken bist. Das hat er einfach missverstanden« oder: »Du hast dich selbst in diese Situation gebracht, indem du getrunken hast«.

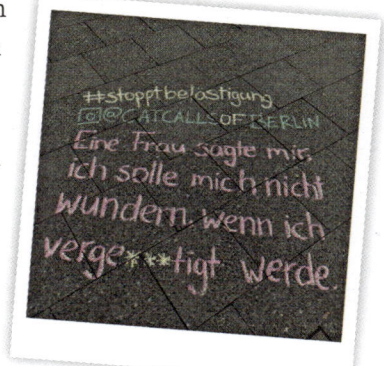

Victim Blaming wird aber nicht nur von Männern betrieben – auch alle anderen Geschlechter können Betroffenen die Schuld geben, wenn sie belästigt werden: »Ich ziehe mich nicht so an, deshalb passiert mir das auch nicht« oder: »Ich fordere dieses Verhalten halt nicht heraus, indem ich viel trinke oder nachts allein unterwegs bin«. Aber sollten gerade Personen, die selbst eher belästigt werden, nicht eigentlich solidarisch sein und die gesellschaftlichen Glaubenssätze zum Verhalten Betroffener durchschauen und infrage stellen?

FLINTA*-Personen, die Victim Blaming betreiben, möchten sich von Personen, die sexuell übergriffiges Verhalten erfahren, abgrenzen. Sie möchten glauben, dass sie Catcalling vermeiden können, weil sie sich »an die Regeln halten« und sich unauffällig kleiden, nicht allein unterwegs sind, nachts nicht rausgehen und nicht zu viel trinken. Wenn sie glauben, dass ihr eigenes Verhalten Einfluss auf mögliche Belästigungssituationen hat, fühlen sie sich sicher, weil sie meinen, die Kontrolle darüber zu haben und Belästigung aus dem Weg gehen zu können.

Aber dieser Glauben vermittelt ein falsches Gefühl von Sicherheit. Denn viele Einsendungen an die *Chalk Back* Accounts zeigen, dass es gar keine Rolle spielt, ob du dich an diese »Regeln« hältst oder nicht. Manche Catcalls fordern Betroffene zwar ausdrücklich dazu auf, sich »was Richtiges anzuziehen« – andere wiederum kritisieren, dass die betroffene Person zu wenig Haut zeigt.

Es ist also wirklich ganz egal, was du trägst – Belästigung findet auch statt, wenn du »alles richtig machst«. Trotzdem hält sich Victim Blaming sehr hartnäckig – und auch manche Betroffene glauben, Belästigung vielleicht vermeiden zu können, wenn das eigene Fehlverhalten Ursache dafür ist:

Ich denke immer, es liegt an mir. Diese Illusion ist besser als die Wahrheit, in der man keine Kontrolle hat.

Viele Betroffene geben sich auch selbst die Schuld an Belästigung – bis sie sich näher mit dem Problem beschäftigen:

Weil mir danach gesagt wurde, ich sei selbst schuld, habe ich das auch so wahrgenommen.

Ich habe mir vorgeworfen, dass ich ja schon viel früher hätte abblocken können.

Ich habe mich schuldig gefühlt, weil ich betrunken war und nichts dagegen gemacht habe.

Ich habe ständig Angst, etwas anzuziehen, womit Belästigung dann gerechtfertigt werden könnte.

Irgendwann fängt man an, sich selbst zu sexualisieren, und fühlt sich schuldig.

Ich dachte lange Zeit, ich hätte mich mehr dagegen wehren sollen und dass es meine Schuld sei.

Ich habe mich schuldig gefühlt, weil ich nicht eindeutig genug »Nein« gesagt habe.

Ich habe mich schuldig gefühlt, weil ich so naiv war.

Weil ich sehr offen im Umgang mit anderen Menschen bin, dachte ich sehr lange, ich sei selbst schuld.

Ich dachte, ich hätte meine Umgebung besser im Blick haben sollen.

Wenn es passiert, überlege ich, ob ich nicht lieber einen anderen Weg hätte gehen sollen.

Früher habe ich mir selbst die Schuld daran gegeben, weil mir beigebracht wurde, Männer seien die Opfer ihrer Triebe.

Anfangs habe ich mir selbst die Schuld daran gegeben. Aber nicht mehr, nachdem ich mich mehr mit der Thematik beschäftigt habe.

Die Doppelmoral bei Victim Blaming: Purity Culture

Victim Blaming legt unterschwellig nahe, dass das »richtige« Verhalten vor sexualisierter Belästigung und sexualisierter Gewalt schützt. Mit anderen Worten: Solange du dich an die »Regeln« hältst und dich brav, unschuldig, keusch und »rein« verhältst und kleidest, bist du sicher vor Übergriffen. Hinter diesen unausgesprochenen gesellschaftlichen »Regeln« verbirgt sich also eine Doppelmoral, die von weiblich gelesenen Personen ein Verhalten erwartet, das gesellschaftlichen Vorstellungen von sexueller »Reinheit« entspricht. Im Englischen gibt es einen Begriff dafür: »Purity Culture«, auf Deutsch »Reinheitskultur«.

Purity Culture tarnt sich häufig als Besorgnis, indem sie aufzeigt, wie weiblich gelesene Personen sich vermeintlich vor sexuellen Übergriffen schützen können. Aber die darin enthaltene Denkweise ist nicht nur falsch, weil Belästigung unabhängig vom Verhalten oder der Kleidung von betroffenen Personen stattfindet. Sie ist heimtückisch und gefährlich, weil sie bei Victim Blaming verwendet wird, um Betroffenen von sexualisierter Belästigung und sexualisierter Gewalt die Schuld zu geben. Vermeintliche Ratschläge, die in Purity Culture begründet sind, bieten also nicht nur keinen Schutz, sie richten direkten Schaden an. Denn unausgesprochen schwingt in ihnen mit: Wenn du dich *nicht* an die »Regeln« hältst, forderst du sexuelle Übergriffe heraus und hast sie somit »verdient«.

Diese Argumentation – dass weiblich gelesene Personen übergriffiges Verhalten herausfordern und »verdient« haben, wenn ihr Verhalten den gesellschaftlichen Vorstellungen von sexueller »Reinheit« widerspricht – ist eng verknüpft mit einem anderen Konzept, nämlich »Slut Shaming«, auf Deutsch etwa »Schlampen-Beschämen«. Dieser Begriff bezeichnet die ausdrückliche oder unausgesprochene Beleidigung von weiblich gelesenen Personen als »Schlampen« (oder Ähnliches), wenn sie zum Beispiel vermeintlich freizügige Kleidung tragen,

sexuell aktiv sind, wechselnde Sexualpartner:innen haben oder als Sexarbeiter:innen tätig sind.

Slut Shaming entwürdigt weiblich gelesene Personen, die nicht den gesellschaftlichen Vorstellungen von sexueller »Reinheit« entsprechen. Unausgesprochen, aber sehr deutlich erkennbar, ist dabei die Vorstellung, dass eine als »Schlampe« bezeichnete oder dargestellte Person weniger wert ist – und es deshalb »nicht so schlimm« ist, wenn sie sexuelle Übergriffe erfährt. Die Auswirkungen von Victim Blaming und Slut Shaming erfahren vor allem FLINTA*-Personen, besonders dann, wenn sie weiblich gelesen werden. Purity Culture und die darin enthaltenen unausgesprochenen »Regeln« gelten im Allgemeinen nicht für cis Männer. Wenn ein cis Mann sich leichter kleidet, nachts oder allein unterwegs ist, wechselnde Sexualpartner:innen hat oder Alkohol trinkt, wird ihm kein sexuell »unreines« Verhalten vorgeworfen. Diese Denkweise, die Purity Culture ausmacht, zeigt eine klare gesellschaftliche Doppelmoral – also eine Ungleichbehandlung von männlich und weiblich gelesenen Personen.

Schluss mit Victim Blaming!

Wenn Kleidung, Ort oder Alkohol tatsächlich die Gründe für sexualisierte Belästigung wären, warum werden cis Männer dann nicht ebenso alltäglich belästigt, wenn sie Shorts, ein Tank Top – oder gar kein Oberteil! – tragen, nachts allein unterwegs sind oder Alkohol trinken? Wie kann es sein, dass Personen, die andere belästigen – hauptsächlich cis Männer –, nicht dafür verantwortlich gemacht werden, wenn sie Alkohol getrunken haben, aber Betroffene von Belästigung – hauptsächlich FLINTA*-Personen – aus demselben Grund in die Verantwortung genommen werden?

Diese Fragen entlarven vermeintliche Argumente, die Betroffenen die Schuld geben, denn: Der Grund für Belästigung sind weder Kleidung, Ort, Tages- oder Nachtzeit, wechselnde Sexualpartner:innen noch Alkohol. Der Grund für Belästigung sind einzig und allein Personen, die andere belästigen!

→ Warum Catcallende andere belästigen, hast du vielleicht schon in *Kapitel 2* gelesen.

Aber selbst wenn FLINTA*-Personen nicht die Schuld an sexualisierter Belästigung und sexualisierter Gewalt gegeben wird, wird ihnen oft genug die Verantwortung übertragen. Die vermeintlich wohlwollenden Tipps lauten zum Beispiel:»Lass ein offenes Getränk niemals aus den Augen – jemand könnte etwas reintun! Wenn du spät unterwegs bist, dann am besten in einer Gruppe – allein bist du leicht angreifbar! Pass auf, dass du nicht zu viel trinkst – betrunken kannst du dich nicht mehr so gut wehren!«

Klar, solange sexualisierte Gewalt eine alltägliche Bedrohung für viele FLINTA*-Personen darstellt, ist es wichtig, dass du auf dich aufpasst. Aber es ist falsch, dass du es überhaupt tun musst. Warum solltest du dich in deinem Alltag einschränken müssen, indem du bestimmte Orte meidest oder nachts nicht mehr rausgehst? Warum solltest du immer vorsichtig sein müssen, statt unbeschwert einen schönen Abend zu genießen? Das soll nicht bedeuten, dass du nicht auf dich und deine Umgebung achten solltest. Aber in einer geschlechtergerechten Welt würde diese

Vorsicht den Alltag von FLINTA*-Personen nicht bestimmen und einschränken.

Wenn Betroffenen die Verantwortung – und oft genug auch die Schuld – gegeben wird, kann belästigendes Verhalten weiterhin stattfinden. Erfährt eine Person sexualisierte Gewalt, hat sie aus der Sicht unserer Gesellschaft nicht gut genug auf sich selbst aufgepasst. Aber dabei ist ja etwas ganz anderes das Problem – nämlich belästigendes Verhalten und sexualisierte Gewalt! Die Verantwortung, dieses Problem zu vermeiden, liegt nicht bei Betroffenen. Sollten wir also nicht lieber den Personen, die andere belästigen, Tipps geben? Zum Beispiel:

- »›Nein‹ heißt ›Nein‹!«
- »Auch ausweichende Körpersprache oder ein irritierter Blick heißen ›Nein‹!«
- »Wenn jemand betrunken ist, ist das ein ›Nein‹!«
- »Wenn du eine Person siehst, die allein oder nachts unterwegs ist oder die Kleidung trägt, die du attraktiv findest, sind das alles keine Gründe, diese Person zu belästigen!«
- »Du hast kein Recht auf die Aufmerksamkeit oder den Körper einer anderen Person!«
- »Nur weil eine Person nett zu dir ist oder mit dir flirtet, bedeutet das nicht, dass sie Interesse an mehr hat und ihr Einverständnis dazu gibt!«

Diese Hinweise zielen auf das eigentliche Problem ab und richten sich an die verantwortlichen Personen. Wenn wir sexualisierte Belästigung und sexualisierte Gewalt bekämpfen wollen, dann müssen nicht die Betroffenen ihr Verhalten ändern. Damit sexualisierte Belästigung und sexualisierte Gewalt nicht mehr stattfinden, müssen Täter:innen ihr Verhalten ändern.

Wie du dich gegen Victim Blaming wehren kannst

Das Wichtigste zuerst: Du hast nichts falsch gemacht. Du musst niemandem beweisen, dass du nicht schuld bist, wenn du belästigt wurdest. Du musst das gar nicht diskutieren, wenn du nicht willst. Du weißt, was passiert ist, und du weißt, dass bei dir Grenzen überschritten wurden. Lass dir von niemandem einreden, du hättest sexualisierte Belästigung oder sexualisierte Gewalt herausgefordert, »verdient« oder heimlich doch eigentlich gut gefunden.

Du weißt außerdem, was Victim Blaming ist, und wie die gesellschaftliche Doppelmoral der Purity Culture genutzt wird, um FLINTA*-Personen die Schuld an Catcalling und anderen Formen sexualisierter Belästigung und sexualisierter Gewalt zu geben. Du durchblickst die falschen Glaubenssätze, die immer und immer wieder genannt werden. Du weißt also ganz genau: Du bist niemals schuld. Und du bist niemandem eine Erklärung schuldig.

Natürlich kannst du alle Argumente aus diesem Kapitel nutzen, wenn du anderen dennoch zeigen möchtest, warum sie mit ihren Aussagen Victim Blaming betreiben – und was das überhaupt ist. Sonst kannst du aber auch einfach die »Argumente«, die dir genannt werden, hinterfragen: »Warum ist das so?« Dein:e Gesprächspartner:in wird wahrscheinlich schnell merken, dass er:sie gar keine richtigen Begründungen für diese Annahmen hat. Auch so kannst du die gesellschaftlichen Glaubenssätze zu Catcalling und anderen Formen sexualisierter Belästigung und sexualisierter Gewalt aufdecken – indem du andere zum Nachdenken und Hinterfragen bringst.

So antworten die Follower:innen von *Catcalls of Berlin* auf Victim Blaming:

Meine Kleidung oder meine freundliche Art sind keine Einladung, mich anzugrapschen.

Nur weil ich sexy angezogen bin, etwas getrunken habe oder gerne flirte, darf man mich nicht belästigen!

Die eigene Würde und den Anspruch auf Respekt legt man nicht mit seiner Kleidung ab.

Wenn Ort, Tageszeit, Kleidung, Alkohol oder vorherige Partner die Ursache für Belästigung sind, warum werden Männer dann nicht ebenso belästigt? Erkennst du die Doppelmoral hier?

Ich kann tanzen, wie ich will!

Wir sind im 21. Jahrhundert. So langsam sollte dieser Sexismus aufhören.

Selbst wenn ich nackt rausgehen würde, hätte niemand das Recht, mich anzufassen!

Schuld bin nicht ich. Schuld ist die Person, die mich belästigt hat!

Wirklich nichts entschuldigt oder rechtfertigt Belästigung.

5
NUR WORTE? CATCALLING UND RAPE CULTURE

Aus ➡ *Kapitel 4* weißt du bereits, dass Catcalling nicht verharmlost werden sollte, da dadurch die Einordnung der Betroffenen infrage gestellt wird. Das kann zur Folge haben, dass sie ihrer eigenen Wahrnehmung nicht mehr vertrauen und übergriffiges Verhalten nicht mehr als solches erkennen. Meist fällt es Betroffenen dann schwerer, ihre eigenen Grenzen abzustecken und sich gegen sexualisierte Belästigung und sexualisierte Gewalt zu wehren. Und nicht zuletzt erschwert Verharmlosung es Betroffenen, sich anderen anzuvertrauen und über ihre Erfahrungen zu sprechen.

Du weißt außerdem, wie durch Victim Blaming sexualisierte Belästigung und sexualisierte Gewalt entschuldigt werden. Die Doppelmoral Purity Culture stellt »Verhaltensregeln« auf, die weiblich gelesene Personen befolgen sollen, um sich vor Übergriffen zu schützen. So wird Betroffenen die Verantwortung übertragen, obwohl ihr Verhalten nicht das Problem ist. All das sind gefährliche Folgen von Verharmlosung und Victim Blaming, die allerdings nur die Betroffenen selbst berühren und beeinträchtigen. Aber tatsächlich haben diese beiden Muster auch Konsequenzen für unsere Gesellschaft: Wenn verharmlosende Glaubenssätze und Victim Blaming genutzt werden, um alltägliche sexualisierte Belästigung wie Catcalling zu entschuldigen, zu verleugnen und so unsichtbar zu machen, werden sexualisierte Belästigung und sexualisierte Gewalt *allgemein* verharmlost – und damit ebenfalls entschuldigt, verleugnet und auf gesellschaftlicher Ebene unsichtbar gemacht. Dieser Prozess wird in diesem Kapitel erklärt.

Was ist eine Rape Culture?

Zusammen mit anderen sexistischen Denk- und Verhaltensweisen gehört Catcalling zu einem gesellschaftlichen System, das im Englischen als »Rape Culture«, also »Vergewaltigungskultur« bezeichnet wird. Der Begriff bezeichnet dabei nicht etwa eine Kultur, in der sexualisierte Gewalt offen gutgeheißen wird. Stattdessen beschreibt »Rape Culture« eine Gesellschaft, die sexuell übergriffiges Verhalten und die Auswirkungen davon entschuldigt, verharmlost und so toleriert.

In einer Rape Culture existiert außerdem eine sehr strikte Vorstellung davon, was ein »echter« sexueller Übergriff ist – und was nicht. So glauben zum Beispiel viele Menschen in unserer Gesellschaft, dass sexualisierte Gewalt meistens von fremden Personen ausgeht. Häufig sind Täter:innen aber Bekannte, Freund:innen oder Verwandte. Aufrechterhalten wird diese sehr eingeschränkte Vorstellung von sexualisierter

Gewalt von den gesellschaftlichen Glaubenssätzen zu Vergewaltigung, die in ⟶ **Kapitel 4** erklärt wurden. Diese werden auch »Vergewaltigungsmythen« genannt – weil sie nicht bewiesen, aber trotzdem weit verbreitet sind.

Eine Eurobarometer-Umfrage von 2016 befragte europaweit Teilnehmer:innen dazu, ob »Geschlechtsverkehr ohne Einverständnis« – also eine Vergewaltigung – in bestimmten Situationen akzeptabel sei. Dies bejahten insgesamt 27 Prozent der befragten Europäer:innen. Als vertretbar nannten sie dabei mindestens eine der folgenden Situationen, in der die betroffene Person
- Alkohol oder Drogen konsumiert hatte (12 %)
- jemanden mit zu sich nach Hause genommen hatte (11 %)
- nicht deutlich »Nein« gesagt oder sich gewehrt hatte (10 %)
- freizügige Kleidung getragen hatte (10 %)
- nachts alleine unterwegs war (7 %)
- vor dem Übergriff mit dem Angreifer geflirtet hatte (7 %)
- bereits mehrere Sexualpartner hatte (7 %)

Diese gesellschaftliche Vorstellung davon, wie sexuelle Übergriffe vermeintlich aussehen und wodurch sie vertretbar sind, hat zur Folge, dass Betroffene oft erleben, dass ihre Erfahrungen angezweifelt und hinterfragt werden. In einer Rape Culture werden Betroffene von sexualisierter Belästigung und sexualisierter Gewalt oft sehr misstrauisch behandelt. Selbst wenn es nicht um strafrechtliche Verfahren geht, in denen aufgrund einer entsprechenden Beweislage die Schuld festgestellt und die Tat bestraft werden soll, selbst, wenn Betroffene sich nur anvertrauen möchten, wird ihre Erfahrung häufig infrage gestellt: War das wirklich ein sexueller Übergriff? Hat die betroffene Person vielleicht etwas missverstanden? Hat sie es vielleicht provoziert oder nicht deutlich genug »Nein« gesagt? Du erkennst diese Fragen sicher, und auch die Muster darin: Verharmlosung und Victim Blaming.

Wenn Betroffene von sexualisierter Belästigung und sexualisierter Gewalt sich zu ihren Erfahrungen äußern, verlangt eine Rape Culture von ihnen Beweise dafür. Sie sollen beweisen, dass sie wirklich einen »echten« Übergriff erfahren haben, der in das gesellschaftliche Bild passt, und dass sie diesen nicht »selbst herbeigeführt« haben. Betroffenen wird oft unterstellt, dass sie mit ihren Aussagen irgendwelche Hintergedanken haben und irgendetwas erreichen wollen – Aufmerksamkeit, Geld, Rache, was auch immer als Begründung zurechtgelegt werden kann. Aber wieso ist das so? Wieso machen so viele Betroffene die Erfahrung, dass ihnen nicht geglaubt wird?

Oft wird behauptet, Anschuldigungen seien leicht erhoben – und schwer abzuweisen. Aber genau das Gegenteil ist der Fall: Seit den 1980er-Jahren ist die Verurteilungsquote in Fällen von Vergewaltigung und sexueller Nötigung von etwa 20 % auf etwa 13 % ab den 2000er-Jahren gefallen. Das heißt, dass bei Sexualstraftaten in den meisten Fällen keine Verurteilung erfolgt.

Diese Daten stammen aus einer europaweiten Studie: Unterschiedliche Systeme, ähnliche Resultate? Strafverfolgung von Vergewaltigung in elf europäischen Ländern – Länderbericht Deutschland (Corinna Seith, Joanna Lovett & Liz Kelly, 2009).

Fakt ist außerdem: Fast jede siebte Frau in Deutschland hat strafrechtlich relevante Formen von sexualisierter Gewalt erlebt. Aber nur 8 % der Betroffenen wandten sich deshalb an die Polizei. Vor diesem Hintergrund sollte man also Personen, die sich zu sexuellen Übergriffen äußern, nicht pauschal unterstellen, dass sie lügen. Denn einerseits ist sexualisierte Gewalt keine Seltenheit und andererseits werden sehr viele Fälle gar nicht erst angezeigt.

💡 Diese Daten stammen aus einer repräsentativen Untersuchung des Bundesministeriums für Familie, Senioren, Frauen und Jugend: Lebenssituation, Sicherheit und Gesundheit von Frauen in Deutschland (BMFSFJ, 2003).

Trotz dieser Zahlen werden vermeintliche Falschbeschuldigungen immer wieder als Grund für das Misstrauen genannt, das Betroffenen von sexuellen Übergriffen entgegengebracht wird. In einem strafrechtlichen Verfahren, das Konsequenzen für den:die Täter:in haben kann, ist es natürlich wichtig, dass die Schuld eindeutig bewiesen wird. Aber hier geht es nicht darum, dass die Unschuldsvermutung umgestoßen und bezichtigte Täter:innen sofort ohne jede Beweislage verurteilt werden sollen. Es geht darum, *dass für die Geschädigten ebenfalls eine Unschuldsvermutung gilt*. Für sie sollte also die Vermutung gelten, dass sie sich nicht mit einer Falschaussage strafbar machen. Zwar steht beides im Zwiespalt miteinander, aber dieser kann so lange ausgehalten werden, bis er – zumindest rechtlich – geklärt ist. Bei anderen Straftaten ist das möglich – nur Sexualstraftaten werden anders behandelt.

Bei anderen Straftaten, zum Beispiel Diebstahl, gibt es diese Angst vor Falschbeschuldigungen nicht. Vielleicht wurde dir oder jemandem in deiner Bekanntschaft schon einmal das Fahrrad geklaut. Wurde der Vorfall in Gesprächen dazu infrage gestellt? Wurde der bestohlenen Person sofort die Schuld daran gegeben? Vermutlich nicht. Woran also liegt es, dass Sexualstraftaten häufig anders behandelt werden als andere Vergehen?

Der Grund dafür ist, dass Betroffene von sexuellen Übergriffen sehr oft FLINTA*-Personen sind. Sexualstraftaten sind also sehr häufig geschlechtsspezifisch – das heißt, sie betreffen vor allem Menschen, die nicht cis männlich sind. Der Unterschied zu anderen Straftaten ist also ein sexistisches, gesellschaftliches System, das sexualisierte Belästigung und sexualisierte Gewalt verharmlost und entschuldigt: die Rape Culture.

So funktioniert das System der Rape Culture

Aber wie kannst du dir das System der Rape Culture vorstellen? Und was genau hat Catcalling damit zu tun? Diese Fragen beantwortet die Rape-Culture-Pyramide, die das System der Rape Culture bildlich in Pyramidenform darstellt.

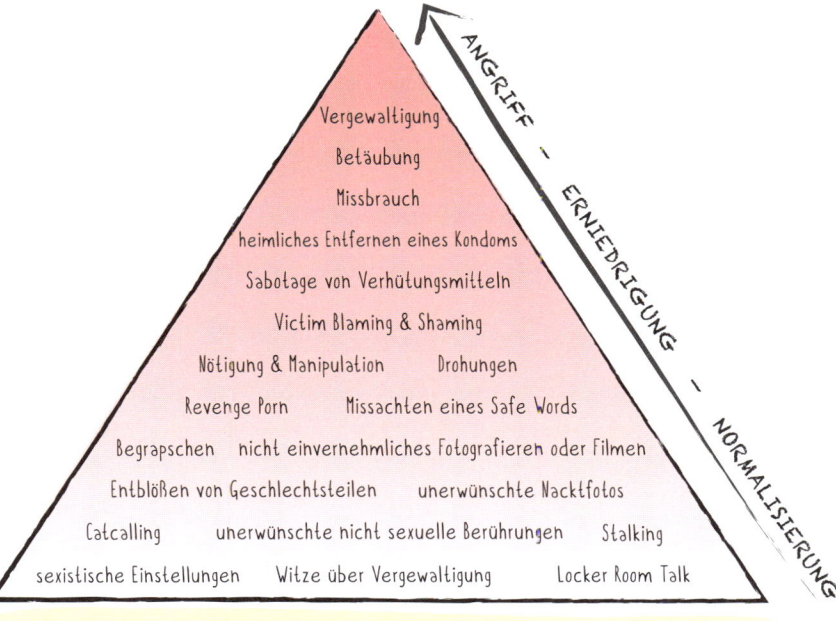

ANGRIFF – ERNIEDRIGUNG – NORMALISIERUNG

Vergewaltigung
Betäubung
Missbrauch
heimliches Entfernen eines Kondoms
Sabotage von Verhütungsmitteln
Victim Blaming & Shaming
Nötigung & Manipulation   Drohungen
Revenge Porn   Missachten eines Safe Words
Begrapschen   nicht einvernehmliches Fotografieren oder Filmen
Entblößen von Geschlechtsteilen   unerwünschte Nacktfotos
Catcalling   unerwünschte nicht sexuelle Berührungen   Stalking
sexistische Einstellungen   Witze über Vergewaltigung   Locker Room Talk

Die DULDUNG VON VERHALTENSWEISEN am unteren Ende UNTERSTÜTZT oder ENTSCHULDIGT diejenigen am oberen Ende. Um die Auswirkungen zu ändern, müssen wir DIE KULTUR ÄNDERN.

Die Rape-Culture-Pyramide ist so aufgebaut, dass im unteren, breiteren Teil alltägliche, weniger übergriffige Verhaltens- und Denkweisen enthalten sind. Dazu gehören

- sexistische Einstellungen
- Witze über Vergewaltigung
- Locker Room Talk
- Catcalling
- unerwünschte nicht sexuelle Berührungen
- Stalking

Der untere Teil der Pyramide, auf dem diese Konzepte angesiedelt sind, stellt dabei den Prozess der Normalisierung dar. Das bedeutet: Diese alltäglichen, übergriffigen Verhaltens- und Denkweisen werden gesellschaftlich als »normal« gesehen und deshalb geduldet und verharmlost. Doch nicht nur die Konzepte auf dieser ersten Stufe werden normalisiert, gestützt und entschuldigt, sondern auch die schwerwiegenderen Übergriffe auf den Stufen darüber: Wenn es »nicht so schlimm« ist, wenn dir jemand »Geiler Arsch« hinterherbrüllt, ist es dann schlimm genug, wenn eine fremde Person im Bus deinen Hintern anfasst? Und wenn es »nicht so schlimm« ist, wenn du begrapscht wirst, ist es dann schlimm genug, wenn dir jemand den Weg verstellt und dich bedrängt? Ab wann ist etwas endlich schlimm genug, dass unsere Gesellschaft hinsieht, das Problem erkennt und übergriffiges Verhalten scharf verurteilt?

Auch wenn die Konzepte im unteren Teil der Pyramide weniger übergriffig sind als die, die darauf aufbauen, heißt das nicht, dass es »nicht schlimm genug« ist, wenn du so etwas erlebst. Auch die Verhaltens- und Denkweisen auf der unteren Stufe der Pyramide sind belastend – vor allem dadurch, dass Betroffene sie alltäglich erleben.

Die Übergänge in der Rape-Culture-Pyramide sind fließend: Auch einige weniger verbreitete, aber zunehmend schwerwiegendere Verhaltensweisen gehören noch zur ersten Stufe der Pyramide, nähern sich aber der zweiten Stufe an. Dazu zählen

- das Entblößen von Geschlechtsteilen
- das Senden von unerwünschten Nacktfotos
- Begrapschen
- nicht einvernehmliches Fotografieren oder Filmen
- Revenge Porn
- das Missachten eines Safe Words

Die zweite Stufe der Pyramide stellt Verhaltensweisen und gesellschaftliche Muster dar, die zur gesellschaftlichen Erniedrigung der betroffenen Personengruppen beitragen. Dazu gehören

- Nötigung und Manipulation
- Drohungen
- Victim Blaming und Shaming

Auch die Verhaltensweisen auf der unteren Stufe können für die Betroffenen selbst natürlich sehr erniedrigend sein. Aber sie tragen auf gesellschaftlicher Ebene nicht im selben Ausmaß zur Erniedrigung von FLINTA*-Personen als Gruppe bei.

Zu den Verhaltensweisen, die ebenfalls zur zweiten Stufe zählen, aber als schwerwiegender gelten und sich der dritten Stufe annähern, gehören

- die Sabotage von Verhütungsmitteln
- das heimliche Entfernen von Kondomen, was auch als »Stealthing« bezeichnet wird

Die dritte und letzte Stufe der Pyramide beinhaltet körperliche Angriffe. Dazu zählen

- Missbrauch
- Betäubung
- Vergewaltigung

Du kannst dir die Rape-Culture-Pyramide wie einen Eisberg vorstellen: Nichtbetroffene sehen nur die Spitze davon. Sie wissen, dass Übergriffe wie Missbrauch, Betäubung oder Vergewaltigung schlimm sind. Aber sie sehen nicht das vollständige System dahinter – nämlich die Schichten an weniger schweren, alltäglicheren Übergriffen, die die Spitze der extremeren Fälle tragen. Menschen, die diese Verhaltensweisen nicht erleben, wissen häufig nicht, dass sie existieren und dass sie so alltäglich sind. Deshalb werden viele weniger schwerwiegende Übergriffe von Nichtbetroffenen als »Einzelfälle« abgetan. Dabei sind sie das genaue Gegenteil: Sie sind die Grundlage, die die Rape Culture aufrechterhält.

Die virale Verbreitung der #MeToo-Bewegung seit Oktober 2017 macht sichtbar, wie weit verbreitet sexualisierte Gewalt ist, wie viele Menschen davon betroffen sind und wie alltäglich übergriffiges Verhalten ist. Gegründet wurde die Bewegung übrigens schon 2006 von der US-amerikanischen Aktivistin Tarana Burke.

Eine Gesellschaft, in der eine Rape Culture herrscht, sieht die sexistischen Strukturen hinter sexuellen Übergriffen nicht. Das führt dazu, dass sexualisierte Belästigung und sexualisierte Gewalt nicht auf gesellschaftliche Strukturen zurückgeführt und entsprechend als gesamtgesellschaftliches Problem behandelt werden. Durch dieses gesellschaftliche Wegschauen, durch das Leugnen des Problems wird die Rape Culture weiterhin gestützt und aufrechterhalten.

Wenn Catcalling und andere alltägliche Formen von sexualisierter Belästigung und sexualisierter Gewalt gesellschaftlich akzeptiert und normalisiert werden und deshalb für viele Menschen Alltag sind, werden auch die sexistischen gesellschaftlichen Strukturen hinter diesem Verhalten gestützt und aufrechterhalten. Das führt dazu, dass auch schwerere sexualisierte Übergriffe gesellschaftlich geduldet werden – und auch hier sehr oft Betroffenen die Schuld gegeben wird. Catcalling ist also bei Weitem nicht trivial oder harmlos – im Gegenteil. Victim Blaming und die Verharmlosung von verbaler Belästigung halten ein ganzes System aufrecht.

Um sexualisierte Belästigung und sexualisierte Gewalt zu beenden, müssen wir also ganz unten an der Rape-Culture-Pyramide ansetzen. Auch weniger übergriffiges Verhalten darf nicht normalisiert werden. Auf keiner Stufe der Rape-Culture-Pyramide darf sexualisierte Belästigung oder sexualisierte Gewalt toleriert, verharmlost oder entschuldigt werden. Betroffenen darf niemals die Schuld an Übergriffen gegeben oder mit Misstrauen begegnet werden. Wenn wir sexualisierter Belästigung und sexualisierter Gewalt ein Ende setzen wollen, müssen wir die gesellschaftlichen Strukturen ändern, die dahinterstehen: das gesamte System der Rape Culture.

6

MIT CATCALLING UMGEHEN

Wie fühlst du dich, wenn du einen Catcall erlebst?

Auf den nächsten Seiten kannst du die Gefühle, die du wiedererkennst, umkringeln und als deine markieren. Und auch wenn deine Gefühle nicht mit dabei sind, ist dort Raum dafür: Schreib sie einfach dazu.

Sie riefen aus dem Auto: „Du geile Sau!" Ich habe mich danach dreckig gefühlt.
@Catcallsofaachen
#stopptbelästigung

alleingelassen   genervt   fassungslos   aggressiv

ungläubig   überrumpelt
                                        enttäuscht

unsicher

schutzlos   traurig   eingeschränkt

entmenschlicht
                                                unbeschreiblich
herabgewürdigt
                    unwohl   wertlos

                                                verunsichert
irgendwie aber auch bestätigt?
                                    überfordert

                    klein
                                                geschockt
schrecklich
                        unangenehm
                                                bloßgestellt
erstarrt
                                        überrascht
        ängstlich   verletzt

                                    mies
                                                minderwertig
beobachtet   einsam
                            unbehaglich
        bedrängt
                                                gefährdet

                        beschämt   schuldig
gestört
            scheiße   unterlegen
                        unterdrückt
beschissen
                                                    bedrückt
                            unzufrieden
empört   eingeengt   angepisst

            verstört   angegriffen   gedemütigt

sexualisiert   eingeschüchtert

     schlecht   verärgert

müde   peinlich   hässlich

        feige

erschöpft

            nicht wirklich wahrgenommen

     verängstigt

ohnmächtig   benutzt   verwirrt

      nervös   gelähmt

erschrocken

        frustriert   perplex

                      herabgesetzt

respektlos behandelt   reduziert

                       entsetzt

       schmutzig

vorsichtig   verwundert

      nicht respektiert

   machtlos   beschmutzt

dreckig   aufgewühlt   ekelhaft   schäbig

         sauer

sprachlos   verzweifelt   bedroht

     wütend

           objektifiziert

                 komisch

panisch   angewidert

           verletzlich

schwach   hilflos   erniedrigt

        fremdgesteuert

                   belästigt

eingefroren ausgeliefert

           alleine amüsiert

🗨 Ich habe Aufmerksamkeit von einem Fremden bekommen, also muss ich ihm irgendwie aufgefallen sein. Im ersten Moment klingt das positiv, aber da meistens gepfiffen, gehupt oder gerufen wird, fühle ich mich unwohl. Eine Person, die ich überhaupt nicht kenne, nimmt sich das Recht, so was zu tun. Es ist, als ob ich nur auf mein Äußeres reduziert werde. Das fühlt sich ziemlich eklig an.

🗨 Ich werde supersauer, oft leider auch auf mich, wenn ich nichts gesagt habe. Meine Gedanken sind dann meistens plötzlich sehr tiefsinnig und ich fange an, mich über alles aufzuregen, was in der Welt so Schlimmes abgeht und wie unfair vieles gegenüber Frauen noch ist.

🗨 Wenn ich allein in der Stadt unterwegs bin, dann ist das Gefühl, ausgeliefert zu sein, eigentlich eine Konstante. Dadurch, dass die Catcalls so häufig kommen, geht das Gefühl, das sie auslösen, eigentlich nie weg.

Das kannst du tun, um dich besser zu fühlen

Auch wenn du weißt, was Catcalling ist und dass dieses Verhalten nichts mit dir zu tun hat und niemals deine Schuld ist, fragst du dich vielleicht trotzdem, wie du damit umgehen kannst. Wie kannst du reagieren, wenn du einen Catcall erlebst? Was kannst du tun, um dich danach besser zu fühlen? Wie kannst du anderen helfen, wenn sie belästigt werden? Und was kannst du als Nichtbetroffe-

ne:r machen, damit sich andere Menschen im öffentlichen Raum sicher fühlen?

Betroffene fühlen sich bei einem Catcall oft machtlos. Und das ist nicht nur das erste Mal so – dieses Gefühl der Hilflosigkeit haben viele auch dann noch, wenn sie Catcalling schon öfters erlebt haben. Das liegt unter anderem daran, dass du es trotz seiner Häufigkeit nicht vorhersehen kannst. Und deshalb bist du in der Situation vielleicht jedes Mal aufs Neue überrumpelt und vielleicht sogar wie gelähmt. Auch wenn du nicht selbst von einem Catcall betroffen bist, fühlst du dich möglicherweise überfordert, weil du nicht weißt, ob und wie du eingreifen kannst.

Dieses Kapitel soll dir dabei helfen, dich auf Belästigungssituationen vorzubereiten und zu überlegen, wie du damit umgehen wollen würdest. Denn wenn du dir in Ruhe überlegen kannst, ob und wie du auf einen Catcall reagieren möchtest, musst du dir diese Gedanken nicht in der Situation selbst machen. Und hoffentlich fühlst du dich so weniger verunsichert, wenn du belästigt wirst – weil du dich in der Situation dann nicht hilflos ausgeliefert fühlst, sondern einen Plan hast, den du befolgen kannst.

So kannst du für deine Sicherheit sorgen

Du weißt zwar, dass es nicht deine Verantwortung sein sollte, dich vor Belästigung zu schützen. Du weißt aber auch, dass das leider trotzdem nötig ist. Denn solange sich die gesellschaftlichen Strukturen, die diese Verhaltensweisen aufrechterhalten, nicht ändern, werden Betroffene damit in ihrem Alltag konfrontiert. Deshalb also zuallererst ein paar praktische Hinweise, wie du dafür sorgen kannst, dass du im öffentlichen Raum sicher bist.

Heimwegtelefon Speicher die Nummer des Heimwegtelefons als Kontakt ab. Am besten notierst du dir dabei auch gleich die Zeiten, zu denen du dort anrufen kannst. Wenn du abends oder nachts unterwegs bist und dich unsicher fühlst oder einfach vorsichtig sein möchtest, kannst du dort anrufen und telefonisch auf deinem Weg begleitet werden. Die Ehrenamtlichen vom Heimwegtelefon wissen auch, wie du dich in schwierigen Situationen am besten verhältst. Und weil du ihnen deinen Standort und dein Ziel durchgibst, können sie im Notfall die Polizei verständigen.

Heimweg-App Installier eine Tracking App auf deinem Handy, zum Beispiel KommGutHeim oder WayGuard. Die meisten Heimweg-Apps funktionieren so, dass du darüber deinen Standort mit einer Kontaktperson teilen kannst, die die App ebenfalls installiert hat. Diese Kontaktperson kann dabei live auf einer Karte verfolgen, wo du dich gerade befindest, bis du sicher an deinem Ziel angekommen bist. Im Notfall kannst du über die App schnell Bescheid geben. Und auch deine Kontaktperson kann Hilfe rufen, wenn du zum Beispiel länger stehen bleibst oder von deiner Route abkommst. Deine GPS-Daten helfen dabei, dass du geortet werden kannst.

Taschenalarm Kauf dir einen Taschenalarm und bewahre ihn gut greifbar auf. Wenn du dich unsicher fühlst, halte ihn griffbereit. Im Notfall kannst du so mit nur einer Bewegung einen schrillen Alarm auslösen, der den:die Angreifer:in erschreckt. Selbst wenn die Person dich nicht in Ruhe lassen sollte, kannst du das Überraschungsmoment nutzen, um dich in Sicherheit zu bringen. Außerdem werden durch den lauten Alarm andere Menschen auf dich aufmerksam gemacht. Ruf dabei am besten noch laut um Hilfe, damit der Alarm auch ernst genommen wird.

Verlass dich dabei aber nicht allein auf den Taschenalarm –
du könntest ihn ausgerechnet dann, wenn du ihn brauchst,
nicht dabeihaben. Also solltest du auch immer überlegen, wie
du dich in dem Fall am besten verteidigen könntest.

Nicht empfehlenswert ist Tierabwehrspray, also Pfefferspray. Es darf nämlich nur im Fall von Notwehr, also wenn
du dich selbst verteidigst, oder Nothilfe, also wenn du einer anderen Person hilfst, eingesetzt werden. Auch in der Anwendung
ist Tierabwehrspray nicht immer einfach, zum Beispiel wenn
du in einem geschlossenen Raum belästigt wirst, der Wind un-
günstig steht oder der:die Angreifer:in es dir abnimmt.

Selbstverteidigungskurs Wie du dich in einer Belästigungssituation behaupten und selbst verteidigen kannst, lernst du in
einem Selbstverteidigungskurs. Dort werden einfache, praktische Tipps gegeben und geübt, die du im Notfall leicht anwen-
den kannst. Mit diesem Wissen wirst du dich auch sehr viel sicherer fühlen, wenn du allein oder im Dunkeln unterwegs bist!

So kannst du auf einen Catcall reagieren

Wenn du schon mal mit anderen über Catcalling gesprochen
hast, hast du vielleicht erlebt, dass dir nicht nur die Schuld daran gegeben wurde, sondern dass auch deine Reaktion darauf
bemängelt wurde. »Warum hast du dir das gefallen lassen?«
oder »Du hättest dich wehren müssen!« sind Aussagen, die viele Betroffene zu hören bekommen – und auch Vorwürfe, die sie
sich oft selbst machen.

Aber wenn du nicht auf einen Catcall reagierst oder ihn bewusst ignorierst, weil du darauf nichts antworten willst, dir so
schnell nichts einfällt oder du dich in dem Moment wie gelähmt

fühlst, bedeutet das nicht, dass du dir etwas hast »gefallen lassen«. Es bedeutet auch nicht, dass du es versäumt hast, dich dagegen zu behaupten. Es bedeutet, dass du vielleicht überfordert warst oder in dem Moment die Entscheidung getroffen hast, dich lieber so schnell wie möglich der Situation zu entziehen und in Sicherheit zu bringen. Und das ist auf jeden Fall eine gute Möglichkeit, mit Belästigung umzugehen!

Dazu kommt: Du schuldest niemandem etwas. Du schuldest der catcallenden Person keine Aufmerksamkeit und unserer Gesellschaft keine Aufklärung, vor allem nicht in der akuten Situation! Es ist nicht deine Aufgabe, übergriffige Menschen umzuerziehen. Wenn du belästigt wirst, ist deine einzige Aufgabe, dich um dich selbst zu kümmern und dafür zu sorgen, dass du dich sicher und hoffentlich schnell besser fühlst. Lass dir von niemandem – auch nicht von dir selbst! – sagen, dass irgendetwas an deiner Reaktion falsch war. Egal, wie alltäglich Catcalling für dich ist: Eine Belästigungssituation ist immer eine Ausnahmesituation. Du gehst damit so um, wie es sich *für dich* gut anfühlt!

Außerdem gibt es sowieso keine »perfekte« Reaktion auf Catcalling. Abgesehen davon, dass jede:r damit anders umgeht, sind auch alle Belästigungssituationen unterschiedlich. Denn es macht natürlich einen Unterschied, ob du tagsüber oder nachts belästigt wirst und ob du allein bist oder Umstehende dabei sind, die dir helfen könnten. Das alles beeinflusst die Situation und dein Sicherheitsgefühl. Und weil du niemals vorhersehen kannst, wie Catcallende darauf reagieren, wenn du etwas erwiderst, beeinflussen diese Faktoren natürlich auch, womit du dich in der Situation wohlfühlst und ob du überhaupt etwas antworten möchtest.

Meine Mutter sagte mir nach meinem ersten Catcall, dass ich immer das Recht habe, in solchen Situationen laut zu werden und auf mich aufmerksam zu machen, dass ich aber leider auch jedes Mal aufpassen muss, dass die Situation nicht gefährlich wird. Sie erklärte mir, dass das sehr ungerecht und hoffentlich irgendwann nicht mehr so ist.

Wenn du einen Catcall erlebst, ist deine Sicherheit das allerwichtigste. Du solltest zuallererst dafür sorgen, dass du sicher bist – nicht, weil jeder Catcall unweigerlich eskaliert und eine konkrete Gefahr für dich bedeutet. Sondern weil du nicht vorhersehen kannst, was passiert.

Wenn du dich unsicher fühlst, solltest du dich also zuallererst in Sicherheit bringen. Zum Beispiel kannst du einen gut beleuchteten Ort aufsuchen, wie Banken oder Bahnhaltestellen. Diese sind auch häufig kameraüberwacht, was im Fall einer drohenden Eskalation abschreckend wirkt und bei weiterer Belästigung zumindest Beweismaterial bedeuten könnte.

Videomaterial wird oft nicht lange aufbewahrt. Manchmal sind Aufnahmen schon nach 48 Stunden nicht mehr verfügbar. Also ist es wichtig, schnell zu handeln, wenn du Anzeige erstatten möchtest. Wenn du unsicher bist, ob du wirklich zur Polizei gehen möchtest, kannst du auch erst einmal eine der Hilfestellen im ➜ *Anhang* kontaktieren. Dort kannst du auch bei Fragen zu eventuellem Beweismaterial beraten werden.

Wenn du allein bist, kannst du auch andere Menschen in deiner Nähe suchen, sie ansprechen und darauf aufmerksam machen, dass du gerade belästigt wirst oder wurdest. Du kannst sie darum bitten, dass du dich zu ihnen stellen kannst oder sie ein Stück mit dir gehen.

Wenn du in öffentlichen Verkehrsmitteln belästigt wirst, kannst du den Notknopf drücken und so das Fahrpersonal verständigen. Diesen Knopf gibt es auch an manchen Haltestellen. Du kannst außerdem die Polizei rufen und dort durchgeben, wo du bist und warum du dich bedroht fühlst. Wenn du das lieber nicht möchtest, kannst du auch so tun, als ob du die Polizei rufst, um die belästigende Person abzuschrecken.

Zu den Sprechzeiten des Heimwegtelefons kannst du natürlich auch dort anrufen, um mit Menschen zu sprechen, die wissen, wie du mit der Situation am besten umgehst, und die dich dabei unterstützen können.

Wenn du dich sicher fühlst, kannst du überlegen, ob du irgendwie reagieren möchtest. Eine aktuelle Studie des Kriminologischen Forschungsinstituts Niedersachsen zeigt, dass bewusste Bewältigungsstrategien, auch Coping-Strategien, im Umgang mit Catcalling hilfreich sind. Dabei haben sich sowohl aktive als auch passive Strategien als unterstützend herausgestellt. Eine aktive Coping-Strategie verfolgst du zum Beispiel dann, wenn du das Verhalten ansprichst und verlangst, nicht weiter belästigt zu werden. Eine passive Coping-Strategie, die aber ebenso geeignet ist, nutzt du, wenn du dich bewusst entschließt, den Catcall zu ignorieren. Es gibt unterschiedliche Wege, mit Catcalling umzugehen, aber das Wichtigste ist immer, dass du dich mit deiner Reaktion wohlfühlst.

Du kannst das Verhalten ignorieren. So kannst du mit Catcalling umgehen, wenn du keine Konfrontation möchtest, dir in dem Moment keine Antwort einfällt oder du einfach keine Lust hast, der catcallenden Person Aufmerksamkeit zu schenken – denn die hat er:sie nicht verdient!

Wenn du immerhin ein bisschen reagieren möchtest, kannst du auch einfach genervt gucken – und dann weitergehen. So drückst du aus, was du von diesem Verhalten denkst, musst dir aber keine schlagfertige Antwort einfallen lassen. Und mehr als ein absolut genervter Blick ist ein Catcall eigentlich auch nicht wert.

 Es ist nicht deine Schuld und auch okay, wenn du dich nicht wehrst.

Du kannst das Verhalten zurückweisen. Wenn du dich sicher fühlst und deine Grenzen deutlich machen möchtest, kannst du das übergriffige Verhalten zurückweisen. Zeig dabei eine starke, aufrechte Körperhaltung, nimm Blickkontakt zu der Person auf, die sich belästigend verhält, und verlang, dass er:sie damit aufhört. Dabei kannst du das Verhalten auch benennen und zum Beispiel laut sagen: »Hör auf, mich anzugrapschen/anzustarren/ mir hinterherzulaufen!« Du kannst auch »Nein« oder »Stopp« sagen oder laut rufen. Das reicht völlig aus.

Wenn die belästigende Person weiter entfernt ist und du deutlich machen möchtest, an wen du dich richtest, kannst du ihn:sie direkt benennen, indem du zum Beispiel ein Kleidungsstück beschreibst: »Mann in der grünen Jacke! Lass mich in Ruhe!« So kannst du einerseits die übergriffige Person in die Schranken weisen und gleichzeitig auch Umstehenden mitteilen, wer der:die Täter:in ist und ihnen ein Eingreifen erleichtern.

Wenn die catcallende Person deine Grenzen weiterhin ignoriert, sich über deine Aussage lustig macht oder anfängt, mit dir zu diskutieren, geh nicht darauf ein, sondern besteh darauf, dass deine Grenzen respektiert werden. Lass dich nicht auf eine Diskussion ein, da die Situation so leichter eskalieren könnte. Selbst wenn die Person nicht gewaltbereit oder aggressiv ist, kann eine solche Diskussion lange dauern und viel Energie rauben. Wenn du gesagt hast, was du sagen willst, dreh dich um und geh.

Siezen hilft, dich von der catcallenden Person zu distanzieren und Außenstehenden zu zeigen, dass ihr euch nicht kennt. So greifen sie hoffentlich eher ein, wenn du Unterstützung brauchst. Allerdings fällt es dir wahrscheinlich nicht leicht, jemanden zu siezen, der dich gerade respektlos behandelt hat. Mach das, womit du dich wohlfühlst.

Du kannst das Verhalten hinterfragen. Wenn du deine Irritation zeigen möchtest, ohne viel zu sagen oder dir eine schlagfertige Antwort einfallen lassen zu müssen, kannst du die catcallende Person bitten, die Aussage zu wiederholen oder zu bestätigen: »Wie bitte?«, »Möchten Sie das noch mal wiederholen?« oder: »Haben Sie das gerade wirklich gesagt?«

Durch deine Frage muss die übergriffige Person den Catcall dann entweder wiederholen – oder überdenken. Da viele Catcallende gar nicht mit einer Reaktion rechnen, sind sie dann vielleicht selbst zu perplex. Und hoffentlich ist es der Person unangenehm, die Aussage laut wiederholen zu müssen.

Obwohl du der belästigenden Person damit eine Frage gestellt hast: Lass dich auch hier nicht in Diskussionen verwickeln. Warte einen Moment, um deine Aussage ankommen zu lassen, und dann dreh dich um und geh. So machst du deutlich, dass du damit das Verhalten kritisiert hast, aber keine Antwort oder Reaktion erwartest.

Du kannst darauf hinweisen, dass das Verhalten belästigend ist. Wenn du die übergriffige Person wissen lassen möchtest, was du von dem Verhalten hältst, kannst du ihn:sie darauf hinweisen, dass es nicht in Ordnung ist: »Das ist Belästigung«, »Ich fühle mich mit Ihrem Verhalten nicht wohl« oder: »Ich fühle mich von Ihnen belästigt«. Du musst dich auch nicht erklären und kannst das einfach so stehen lassen. Sollte deine

Aussage die catcallende Person tatsächlich überraschen, wird er:sie auch anders herausfinden können, warum das Verhalten übergriffig war. Du schuldest niemandem eine Erklärung.

Du kannst das Verhalten laut anprangern. Wenn du dich sicher genug fühlst, kannst du auch laut werden und so deutlich zeigen, was du von dem Verhalten hältst. Du kannst zum Beispiel laut sagen:»Was haben Sie gerade zu mir gesagt?« Auch hier muss die belästigende Person die Aussage dann entweder wiederholen oder überdenken. Hoffentlich wird ihm:ihr die Situation dadurch aber ebenfalls unangenehm, weil du so auch Umstehende auf das Gesagte aufmerksam machst.

Wenn du gerne laut werden willst, dir aber auf die Schnelle keine schlagfertige Antwort einfällt, mach es so wie eine Followerin von *Catcalls of Berlin* und wiederhole laut und für alle Umstehenden hörbar, was gesagt wurde! Brüll also zum Beispiel laut»GEILER ARSCH!« oder pfeif zurück, wenn dir hinterhergepfiffen wurde. Auch wenn es nicht dasselbe ist: So erfährt die übergriffige Person vielleicht annähernd, wie sich ein Catcall anfühlt. Zumindest aber werden Umstehende darauf aufmerksam gemacht, was passiert ist – und du kannst dadurch ein Ventil für deine Wut und Frustration finden.

 Du musst nicht respektvoll sein, die andere Person war es nämlich auch nicht!

Und wenn dir vor Überraschung die Worte fehlen: Verzieh dein Gesicht zu der schrecklichsten Grimasse, die du dir vorstellen kannst. Oder fang an, eklig zu husten oder röcheln. Bell die belästigende Person an! Schrei laut»WAAAAAAAAH!«. Wahrscheinlich wird er:sie sich ziemlich erschrecken und dich dann in Ruhe lassen.

Neben Diskussionen solltest du in Belästigungssituationen auch Beleidigungen vermeiden, weil du dich so selbst strafbar machen könntest. Dazu kannst du in ⟶ *Kapitel 10* mehr lesen. Außerdem solltest du vorsichtig mit Reaktionen sein, die als Provokation verstanden werden könnten, weil du nie weißt, wie jemand reagiert. Wenn jemand bereits durch Catcalling übergriffig wird, ist dieser Person auch zuzutrauen, dass er:sie andere Grenzen überschreitet. Das bedeutet nicht, dass das dann deine Schuld ist, weil du auf den Catcall reagiert hast und das als Provokation verstanden wurde! Trotzdem ist es wichtig, dass du deine eigene Sicherheit immer im Hinterkopf behältst.

Und nicht zuletzt: Auch wenn du dich eigentlich sicher fühlst, kannst du immer Zeug:innen mit einbeziehen und die Polizei rufen – lieber einmal zu oft als einmal zu wenig. Im besten Fall kann so direkt etwas gegen den:die Täter:in unternommen werden, sodass das übergriffige Verhalten direkt Konsequenzen für ihn:sie hat.

So reagieren die Follower:innen von *Catcalls of Berlin*, wenn sie einen Catcall erleben:

Ich ignoriere das.

Ich schau genervt, um zu signalisieren, was ich davon halte, aber um mich auch nicht zu angreifbar zu machen.

Ich sage, dass das sexuelle Belästigung ist.

Manchmal werde ich direkt wütend und weise die Leute zurecht. Das schaffe ich allerdings nur, wenn die Situation nicht bedrohlich ist, also wenn ich von vielen Menschen umgeben bin und es tagsüber ist, und wenn die Leute etwas Abstand zu mir haben und mich nicht anfassen können.

Ich gucke nicht, laufe weiter und rufe jemanden an.

Manchmal antworte ich: »Wie bitte?« oder: »Was haben Sie gesagt?« Sonst ignoriere ich es oder gucke böse.

Eigentlich reagiere ich nie, so bekommen die nur die Aufmerksamkeit, die sie haben wollen.

Ich versuche es immer zu ignorieren, weil ich auch schon bedroht wurde, als ich reagiert habe.

Meist bin ich nur schockiert und fliehe schnell aus der Situation. Ich wäre gern schlagfertiger.

Ich reagiere entweder gar nicht oder mit erhobenem Haupt und Mittelfinger.

Ich antworte meistens genauso dumm und erkläre, wie blöd das Verhalten ist.

Ich versuche es zu ignorieren und danach möglichst nicht dran zu denken.

Ich gehe ruhig, aber entschlossen auf die Menschen zu und sage, dass es mir nicht gefällt. So kann ich mich selbst behaupten und fühle mich nicht als Opfer.

Meistens bin ich so schockiert, dass mir nichts einfällt. Aber immer öfter sage ich was!

Inzwischen konfrontiere ich mein Gegenüber damit, wenn ich an dem Tag die Stärke dazu habe.

Ich gebe mit nur einem Satz richtig Kontra.

Meistens bin ich leider viel zu perplex, um schlagfertig zu sein.

Das kannst du machen, um dich nach einem Catcall besser zu fühlen

→ Ob und wie du einen Catcall anzeigen kannst, erfährst du in **Kapitel 10**.

Ein Catcall beschäftigt viele Betroffene auch dann noch, wenn sie sicher zu Hause sind. Es ist für viele nicht so leicht, damit einfach abzuschließen und sich keine weiteren Gedanken zu machen. Vielleicht geht es dir auch so, dass du nach einem Catcall die Situation immer wieder durchdenkst und dir überlegst, ob du sie hättest verhindern oder anders darauf reagieren können. Aber: Die Studie des Kriminologischen Forschungsinstituts Niedersachsen zeigt, dass Selbstvorwürfe Betroffenen nicht dabei helfen, den Vorfall zu verarbeiten. Wie auch? Es ist ja nicht deine Schuld, wenn du belästigt wirst!

Es ist nicht einfach, aber sehr wichtig, dass du dir selbst keine Vorwürfe machst und auch nicht zulässt, dass andere dir die Schuld geben. Du hast nichts falsch gemacht. Du hast die Belästigung weder provoziert noch verdient, egal was du anhattest, egal wo du warst und ob du allein oder nachts unterwegs warst. Ein Catcall ist niemals deine Schuld.

Lass dich nicht verunsichern. Du hast nichts getan, was dieses Verhalten rechtfertigt!

Es ist nicht deine Schuld und auch nicht okay oder normal, sondern ein Übergriff.

Du bist nicht schuld und Catcalls sind keine Komplimente. Hör nicht auf Leute, die etwas anderes sagen!

Es ist nicht okay, nicht fair und es ist nicht deine Schuld. Was auch immer du fühlst, ist gerechtfertigt.

Was also kannst du tun, um dich nach einem Catcall besser zu fühlen? Die Studie des KFN zeigt, dass 80 % der Betroffenen nach einem Catcall Gesprächsbedarf haben. Wenn es dir auch so geht, bist du damit also nicht allein! Und auch wenn es dir vielleicht nicht leichtfällt, das Erlebte und deine Gefühle dazu mit jemandem zu teilen, kann es sehr hilfreich sein, zum Beispiel mit Freund:innen oder Familienmitgliedern darüber zu sprechen. Klar kann so der Catcall nicht rückgängig gemacht werden. Die Situation kann nicht »gelöst« werden. Aber es tut gut, wenn du mit dieser Erfahrung und den Gedanken dazu nicht allein bleibst, sondern stattdessen angenommen und verstanden wirst.

Wenn du nicht weißt, mit wem du über Catcalling reden kannst, oder dir nicht sicher bist, ob du verstanden wirst, kannst du immer einem *Chalk Back* Account schreiben. Selbst, wenn du nicht möchtest, dass deine Erfahrung angekreidet wird, hören die Aktivist:innen dir gerne zu und reden mit dir über das Erlebte. Die meisten von ihnen haben bereits selbst Belästigung erfahren und können deine Situation gut nachvollziehen. Im → **Anhang** findest du außerdem Hilfe- und Anlaufstellen, die du kontaktieren kannst, wenn du sexualisierte Belästigung oder sexualisierte Gewalt erfahren hast. Du bist damit nicht allein!

Sprich mit Menschen, denen du vertraust. Schweig es nicht tot und spiel es nicht herunter. Alles, was du fühlst, ist völlig in Ordnung. Und nichts rechtfertigt so ein Verhalten!

Trau dich, davon zu erzählen. Es hilft!

Erzähle einem:einer Erwachsenen davon. Das komische Gefühl ist nicht deine Schuld und das ist auch nichts Gutes.

Bleib damit nicht allein.

Rede drüber. Deine Grenzen sind deine Grenzen – und nur deine Grenzen.

So kannst du mit anderen über Catcalling sprechen

Gerade, wenn du Catcalling noch nicht so oft erlebt hast, weißt du vielleicht gar nicht, wie du so einen Vorfall überhaupt in Worte fassen sollst. Und vielleicht willst du auch gar nicht wiederholen, was gesagt oder getan wurde. Wie also kannst du über Belästigung sprechen, wenn du einen ekligen Catcall nicht wiederholen möchtest?

Erst einmal musst du nicht alles Wort für Wort exakt wiedergeben. Du kannst zum Beispiel nur sagen, dass dir jemand auf der Straße etwas gesagt hat, womit du dich nicht wohlfühlst. Vielleicht weiß dein Gegenüber dann auch gleich, worum es geht. Denn Catcalling passiert ja nicht nur dir, und vielleicht hat die andere Person das auch schon erlebt. Dann musst du

"Mmhhh, deine M*schi riecht gut."
#stopptBelästigung
@catcallsofBerlin

#StopptBelästigung
@catcallsofberlin
"Soll ich dich in den A*sch f*cken?"

gar nicht erklären, was genau passiert ist. Aber selbst, wenn du nicht sofort verstanden wirst, musst du nicht wiederholen, was gesagt wurde. Du kannst zum Beispiel sagen, dass dein Körper kommentiert wurde oder dass du aufgefordert wurdest, etwas zu tun, womit du dich nicht wohlfühlst.

Falls du nicht so viel darüber reden möchtest, was genau passiert ist, kannst du auch erzählen, wie du dich fühlst. Wenn du nicht genau weißt, wie du deine Gedanken und Gefühle in Worte fassen kannst, helfen dir vielleicht die ersten Seiten dieses Kapitels. Dort sind die Gefühle aufgelistet, die die Follower:innen von *Catcalls of Berlin* während und nach einem Catcall haben. Vielleicht findest du dort auch wieder, wie du dich fühlst. So kannst du einerseits benennen, was du empfindest, und weißt außerdem, dass du mit diesem Gefühl nicht allein bist.

Vielleicht möchtest du auch gar nicht über einen bestimmten Catcall, sondern eher allgemein über das Thema sprechen und weißt nicht, wie du ein Gespräch dazu beginnen kannst. Im **⟶ Anhang** findest du Diskussionsfragen zu Catcalling, die du anderen stellen kannst. Besonders eignen sich diese Fragen für Gespräche in Gruppen. Du kannst zum Beispiel fragen, ob die anderen so etwas schon mal erlebt haben und wie sie sich dabei gefühlt haben. Du kannst erzählen, warum du dieses Verhalten verletzend findest, und die anderen fragen, was sie daran besonders schlimm finden. Es muss also gar nicht unbedingt um etwas gehen, was du selbst erlebt hast und vielleicht nicht teilen möchtest. Wenn doch, hilft dir dabei aber vielleicht das Catcalls Bullshit Bingo in diesem Buch, weil du damit deine Erfahrungen teilen kannst, ohne über konkrete Aussagen oder Details sprechen zu müssen.

Es ist nicht immer leicht, über Belästigung zu sprechen. Catcalling ist für viele Betroffene mit Scham verbunden. Selbst wenn du eigentlich weißt, dass dich keine Schuld trifft, findest du vielleicht trotzdem nicht so leicht die Worte, um mit anderen darüber zu sprechen. Vielleicht hast du es auch schon mal versucht und wurdest nicht verstanden. Vielleicht hat dir sogar jemand die Schuld dafür gegeben, dass du belästigt wurdest. Das macht es natürlich umso schwerer, dich ein weiteres Mal jemandem anzuvertrauen.

Es kann leider immer wieder passieren, dass du mit deiner Erfahrung auf Ablehnung und Unverständnis triffst. Dann hilft es dir vielleicht erst mal, den Catcall und auch das enttäuschende Gespräch alleine zu verarbeiten, aber dir dabei ins Gedächtnis zu rufen, dass nicht jede:r Mitgefühl zeigen wird. Das können nicht alle Menschen gut, vor allem dann, wenn sie selbst vielleicht keine Erfahrung mit Catcalling haben oder sie das Thema überfordert. Es muss also gar nichts mit dir zu tun haben. Und auch wenn du bereits Ablehnung erfahren hast, solltest du dich nicht verunsichern lassen! Wenn du mit anderen über das Erlebte sprechen möchtest, versuch es weiterhin. Du wirst jemanden finden, der:die dich versteht.

So gehen die Follower:innen von *Catcalls of Berlin* mit Catcalling um:

Ich schreibe sofort Freund:innen, um Solidarität zu erfahren.

Mir helfen andere Leute, die es ernst nehmen. Die meine Wut ernst nehmen.

Es hilft mir, es anderen Leuten zu erzählen, sich auszutauschen und mich zu vergewissern, dass ich nicht schuld war!

Es ist wichtig zu reden, zu schreien, Gefühle anzunehmen und Wut rauszulassen.

Mir hilft es, Freund:innen davon zu erzählen und mir danach vielleicht auch Zeit allein zu nehmen.

Ich schreibe jemandem und reg mich kurz auf, aber solche Menschen sind es mir nicht wert, mich lang drüber zu ärgern.

Mir hilft es, darüber zu reden und sich gemeinsam über die Gesellschaft aufzuregen.

Ich versuche es irgendwie zu verdrängen, aber irgendwann kommt alles wieder hoch.

Es hilft mir, mit anderen darüber zu sprechen. Vor allem mit Männern.

So kannst du anderen helfen

Auch wenn du selbst nicht von Catcalling betroffen bist, fragst du dich vielleicht, was du tun kannst, wenn du mitbekommst, dass jemand belästigt wird. Deine Hilfe ist dabei so wichtig! Denn eine Belästigungssituation wird dann noch schlimmer, wenn die Umstehenden wegschauen und so tun, als würden sie nichts mitbekommen. Und auch auf gesellschaftlicher Ebene kannst du als Nichtbetroffene:r viel verändern, wenn du das Problem anerkennst und dich dagegen einsetzt. Hier erfährst du, wie du das machen kannst.

Das kannst du machen, wenn du einen Catcall mitbekommst

Indem du Betroffene unterstützt, kannst du aktiv und sichtbar dazu beitragen, dass unsere Gesellschaft diskriminierende

Denk- und Verhaltensweisen nicht mehr schweigend hinnimmt. Aber vor allem wird es der betroffenen Person viel bedeuten, dass jemand hinsieht, die Belästigung erkennt und eingreift.

Wichtig dabei ist: Verlass dich nicht darauf, dass schon jemand anders helfen wird, auch und vor allem dann, wenn noch viele andere den Vorfall mitbekommen. Denn je mehr Menschen anwesend sind, desto eher kommt es zu dem sogenannten By-stander-Effekt, auch Zuschauereffekt: Dabei greifen Umstehende nicht in Situationen ein, wenn auch andere anwesend sind, da sie sich nicht verantwortlich dafür fühlen, Hilfe zu leisten, und davon ausgehen, »dass schon jemand anders helfen wird«.

Es ist also wichtig, Zivilcourage zu zeigen und einzuschreiten, wenn jemand belästigt wird. Damit ist nicht unbedingt gemeint, dass du den:die Täter:in auf aggressive Art konfrontierst und dich womöglich selbst gefährdest. Vielmehr geht es darum, den:die Betroffene:n zu unterstützen und ihm:ihr zu zeigen, dass er:sie nicht allein ist.

Zuallererst: Greif nur dann aktiv in eine Situation ein, wenn du selbst sicher bist. Du musst und solltest dich in keinem Fall selbst in Gefahr bringen. Wenn du das Gefühl hast, dass eine Situation schon zu weit fortgeschritten oder zu aggressiv ist, um einzugreifen, kannst und solltest du sofort die Polizei rufen. Wenn du jemanden in akuter Gefahr, eine verletzte Person oder eine Person, die kurz davor ist, jemanden zu verletzen, beobachtest und nicht die Polizei rufst, kannst du dich im schlimmsten Fall sogar wegen unterlassener Hilfeleistung strafbar machen!

In weniger bedrohlichen Situationen kannst du aber so selbst eingreifen und helfen:

Schau nicht weg. Das sollte eigentlich selbstverständlich sein, aber dennoch schauen viele Menschen fast schon demonstrativ weg, wenn eine unangenehme Situation entsteht. Aber das macht es für die Person, die belästigt wird, umso schlimmer. Also schau nicht weg, sondern geh auf ihn:sie zu und stell dich in seine:ihre Nähe. So weiß der:die Betroffene, dass er:sie nicht alleine ist, und die catcallende Person wird vielleicht abgeschreckt.

 Ich wünsche mir, dass Umstehende nicht so tun, als würden sie nichts merken.

Ich wünsche mir von den Umstehenden eine Reaktion: dass sie zeigen, sie kriegen mit, was mir passiert. Damit ich nicht allein bin damit.

Spiel die Belästigung nicht herunter. Du solltest die Situation auf gar keinen Fall verharmlosen oder Witze darüber machen. Catcalling darf nicht heruntergespielt werden, nur weil die betroffene Person keinen sichtbaren Schaden genommen hat. Denn es ist Belästigung! Deshalb solltest du einen Catcall auch auf keinen Fall wiederholen, da das die belästigte Person noch mehr verletzen könnte.

Auch, wenn du schwierige Dinge lieber mit Humor nimmst, solltest du das in einer Belästigungssituation lassen. Es könnte den Vorfall für den:die Betroffene:n noch schlimmer machen, wenn er:sie hört, dass darüber gelacht oder gewitzelt wird, vor allem dann, wenn es so klingt, als ginge der Witz auf seine:ihre Kosten. Selbst, wenn du das gar nicht so meinst und den Catcall weder herunterspielen noch dich darüber lustig machen willst, kann es in einer derart empfindlichen Situation schnell so ankommen. Stattdessen solltest du den:die Betroffene:n unterstützen, indem du ihn:sie darin bestätigst, dass das Verhalten absolut nicht in Ordnung war.

Wenn die belästigte Person selbst Witze macht, um die Situation zu entschärfen, ist das natürlich eine andere Sache. In dem Fall hilft es ihm:ihr wahrscheinlich eher, wenn Umstehende auf den Witz eingehen, auch wenn es ja eigentlich nicht so lustig ist. Aber ob einer Situation mit Humor begegnet wird, sollte die Person entscheiden, die die Belästigung erfahren hat.

 Ich wünsche mir von Umstehenden, dass sie mich darin bestätigen, dass das Verhalten ziemlich daneben war.

Ich wünsche mir, dass Umstehende Verständnis für mich zeigen.

Lenk die betroffene Person ab. Wenn du dich nicht wohl damit fühlst, die catcallende Person direkt anzusprechen, kannst du den:die Betroffene:n zum Beispiel mit einer Frage nach der Uhrzeit oder der nächsten Haltestelle ablenken. Sprich die Belästigung dabei gar nicht an, sondern rede über etwas ganz anderes. Dabei kannst du dich auch zwischen die betroffene und die catcallende Person stellen. Das sendet zwei Signale an die Person, von der die Belästigung ausgeht: Erstens hat er:sie so nicht mehr die ungeteilte Aufmerksamkeit der betroffenen Person. Und zweitens sieht er:sie, dass die betroffene Person nicht allein und deshalb keine leichte Zielscheibe für Belästigung ist. Auch wenn du die Belästigung nicht direkt ansprichst und die übergriffige Person nicht zur Rede stellst, wirst du die Situation so hoffentlich deeskalieren können.

Wenn der:die Betroffene nicht auf deine Fragen antwortet, werde nicht aufdringlich. Wenn er:sie gerade belästigt wird oder wurde, fällt es ihm:ihr wahrscheinlich nicht leicht, fremden Menschen zu vertrauen und auf ein Gespräch einzugehen. In dem Fall kannst du sichtbar in der Nähe bleiben und dich vielleicht oberflächlich mit etwas anderem beschäftigen, die

Situation aber im Auge behalten. Auch der Person, die sich belästigend verhält, kannst du so signalisieren, dass du eingreifen würdest, sollte die Situation weiter eskalieren.

Wenn eine Person allein ist und sie angesprochen wird, einfach mal hingehen. Man muss vermutlich nicht mal was tun – manchmal reicht es, wenn Catcallende merken, dass ihr »Opfer« nicht mehr alleine ist.

Ich würde mir von Umstehenden wünschen, dass jemand das Gespräch mit mir sucht.

Ich wünsche mir von Umstehenden, dass sie dazwischengehen, soweit sie selbst nicht gefährdet werden, oder auf die betroffene Person zugehen.

Biete der betroffenen Person deine Unterstützung an. Wenn du nicht einfach von der Situation ablenken möchtest oder befürchtest, dass das den:die Betroffene:n verwirren könnte, kannst du ihm:ihr auch sagen, dass du den Vorfall mitbekommen hast, und deine Hilfe anbieten. Wenn du nicht sicher bist, was passiert ist, kannst du fragen, was vorgefallen ist. Du kannst die betroffene Person auch fragen, ob alles in Ordnung ist, ob er:sie Hilfe braucht und wie du ihn:sie unterstützen kannst. So entscheidest nicht du, wie mit der Situation umgegangen wird, sondern du stellst sicher, dass sich die betroffene Person mit deinem Handeln wohlfühlt. Und da Belästigung oft dazu führt, dass Betroffene sich machtlos fühlen, ist es umso wichtiger, dass du ihnen möglichst die Kontrolle gibst.

Es kann natürlich sein, dass der:die Betroffene selbst nicht genau weiß, wie du helfen kannst. In dem Fall kannst du Vorschläge machen und zum Beispiel fragen, ob er:sie möchte, dass du Hilfe holst oder ob du lieber bleiben sollst. Du kannst fragen, ob du die betroffene Person irgendwohin begleiten kannst. Wenn die Belästigung in einem öffentlichen Verkehrsmittel stattfindet, kannst du auch fragen, ob du mit der betroffenen Person aussteigen sollst. Du kannst auch anbieten, laut zu werden und die catcallende Person zu konfrontieren. Aber vielleicht ist es dem:der Betroffenen lieber, wenn ihr einfach über irgendetwas anderes sprecht oder zusammen weggeht. Du kannst dich auch als Zeug:in anbieten und vorschlagen, die Polizei zu rufen. Wenn möglich solltest du diese Entscheidungen aber immer der betroffenen Person überlassen.

Wie auch immer ihr dann gegen die Belästigung vorgeht: Durch deine Unterstützung sieht der:die Betroffene, dass er:sie damit nicht allein ist. Und das macht in einer solchen Situation einen großen Unterschied.

Ich würde mir wünschen, dass Umstehende eingreifen und fragen, ob alles okay ist oder ob sie helfen können.

Ich wünsche mir Solidarität. Gar nicht »gerettet« werden. Aber dass einem gezeigt wird, dass man nicht allein ist.

Bitte Umstehende um Hilfe. Es kann auch hilfreich sein, andere Menschen in der Nähe um ihre Unterstützung zu bitten. Wenn die Belästigung in einem öffentlichen Verkehrsmittel stattfindet, könntest du zum Beispiel jemand anders bitten, dem Fahrpersonal Bescheid zu geben, damit die belästigende Person aus Bus oder Bahn verwiesen werden kann. Dabei solltest du andere Menschen direkt ansprechen, damit sie sich auch angesprochen fühlen, und klare Anweisungen geben: »Sie mit dem roten Rucksack, bitte sagen Sie dem Fahrpersonal Bescheid.« Währenddessen kannst du bei dem:der Betroffenen bleiben, sodass er:sie nicht mit der catcallenden Person allein gelassen wird.

Du kannst auch die Polizei rufen, damit die Belästigung beendet wird. Wenn möglich besprichst du aber immer mit dem:der Betroffenen, wie du vorgehen möchtest, um sicherzustellen, dass er:sie sich damit wohlfühlt. Denn nicht allen Menschen ist es recht, wenn die Polizei eingeschaltet wird.

 Ich wünsche mir Rückhalt von allen Leuten, die es mitbekommen haben.

Sprich die catcallende Person an. Bevor du die Person, die sich belästigend verhält, direkt ansprichst, solltest du sicherstellen, dass die Situation nicht eskalieren kann. Denn du willst es ja nicht noch schlimmer machen, weder für die betroffene Person noch für dich selbst. Also vergewissere dich zuerst, dass ihr sicher seid, zum Beispiel, weil noch andere Menschen anwesend sind und weil ihr euch an einem hellen, videoüberwachten Ort befindet. Und wenn möglich fragst du den:die Betroffene:n zuerst, ob er:sie damit einverstanden ist, dass du die übergriffige Person konfrontierst.

Du kannst die Person, von der die Belästigung ausgeht, zunächst darauf hinweisen, dass dieses Verhalten nicht in Ordnung und belästigend ist, und verlangen, dass damit aufgehört wird: »Das ist Belästigung, lass das!« Du kannst auch klarmachen, warum das Verhalten nicht okay ist, und es laut benennen: »Das ist respektlos/sexistisch/rassistisch/homophob!« Bedenke dabei, dass Situationen eskalieren können, wenn es zu einer Diskussion kommt, also lass dich gar nicht erst darauf ein. Sobald du das Verhalten angesprochen hast, solltest du der catcallenden Person keine Aufmerksamkeit mehr schenken und stattdessen die betroffene Person unterstützen. Damit es nicht zu einer weiteren Eskalation kommt, solltest du die Situation in jedem Fall gut einschätzen können, bevor du dich an die belästigende Person wendest.

 Ich würde mir von Umstehenden wünschen, dass sie, wenn die Situation es erfordert, eingreifen und ebenfalls etwas sagen.

Nutz die Situation nicht aus. Eigentlich sollte sich das von selbst verstehen, aber: Wenn du einer Person hilfst, die gerade belästigt wird oder wurde, solltest du die Situation und das dir entgegengebrachte Vertrauen niemals missbrauchen, um die betroffene Person anzumachen. Das passiert Betroffenen tatsächlich leider auch – und macht die Situation natürlich um einiges schlimmer. Denn wem kann man dann überhaupt noch trauen? Selbst wenn du die Person gerne kennenlernen würdest – es gibt einfach Situationen, in denen das nicht nur absolut uneinfühlsam und unangemessen, sondern auch wirklich gruselig ist. Du solltest helfen, weil es richtig und wichtig ist, nicht, weil du dir als Dank eine weitere Bekanntschaft erhoffst.

Das kannst du machen, wenn Freund:innen von dir catcallen

Wenn du mitbekommst, dass jemand, mit dem du befreundet bist, eine andere Person belästigt, bist du wahrscheinlich zwiegespalten. Einerseits findest du das Verhalten nicht gut und möchtest das vielleicht nicht unausgesprochen lassen. Andererseits hast du wahrscheinlich auch keine Lust auf eine Auseinandersetzung mit deinem:deiner Freund:in. Im Gegensatz zu Belästigungssituationen mit fremden Catcallenden kannst du hier aber eher vorhersehen, wie die andere Person reagieren wird. Es ist also sehr wichtig, dass du auch und gerade dann etwas sagst, wenn deine Freund:innen catcallen, und sie bittest, dieses Verhalten zu lassen, und ihnen erklärst, warum Catcalling Belästigung ist.

Das Team von *Catcalls of Hildesheim* hat seine männlichen Follower auf Instagram gefragt, ob sie sich dafür verantwortlich fühlen würden, einzugreifen, wenn ein fremder Mann oder auch ein Kumpel eine Frau durch Catcalling belästigt. Hier sind ihre Antworten:

- »Wenn ich merke, dass die Person nicht lockerlässt und die Frau weiterhin belästigt, dann würde ich auf die Person zugehen und so was sagen wie: ›Ey, du siehst doch, dass ihr das gerade unangenehm ist, lass es doch einfach bleiben.‹ Selbst wenn der Typ es nicht einsieht, würde ich wenigstens versuchen, ihn so lange in eine Diskussion zu verwickeln, bis die Frau außerhalb seiner Aufmerksamkeit ist.«

- »Verantwortlich würde ich mich schon fühlen, ja. Wenn es ein Freund wäre, der catcallt, würde ich definitiv eingreifen. Bei fremden Männern bin ich allerdings besorgt, dass es eskalieren könnte. Daher würde ich je nach Typ Mann unterscheiden und zumindest Anwesenheit zeigen, eventuell auch etwas sagen.«

- »Da kommt es wirklich auf die Situation an. Wenn es ein Freund ist, würde ich ihm direkt sagen, er soll sich benehmen und die Klappe halten. Zudem würde ich noch ›Entschuldigung‹ rufen. Bei Fremden wird es schwieriger. Ist es nachts oder abends und die Person wirkt alkoholisiert, dann würde ich vermutlich eher versuchen, der Frau ein Gefühl von Sicherheit zu vermitteln. Ich würde mich zwischen dem Täter und der Frau positionieren und ihr mit ruhiger

Stimme und sicherem Abstand mitteilen, dass ich sie nur unterstützen will und sie dann auch wieder in Ruhe lasse. Die Wahrscheinlichkeit, dass durch mein Eingreifen ein Kampf entsteht und ich schwer verletzt werde, ist höher, als dass der Typ was lernt. Wäre es am Tag, würde ich wohl laut sagen, dass er die Frau in Ruhe lassen soll.«

- »Ich fühle mich verantwortlich, egal ob es ein Freund ist, der catcallt, oder ein Fremder. Ich würde einen Freund direkt drauf ansprechen und ihm sagen, wie beschissen das ist. Bei einem Fremden würde ich die betroffene Person fragen, ob alles in Ordnung ist, und mit ihr zusammen den Catcaller ansprechen und wenn möglich noch mehr umstehende Personen dazuholen, damit die Situation nicht eskaliert.«

- »Ich würde den Catcaller ansprechen und ihn fragen, wie er es fände, wenn ihm das Gleiche passiert.«

- »Ich würde eher die belästigte Person fragen, ob sie Beistand oder Unterstützung möchte. Wenn es ein Kumpel wäre, der die Person belästigt, würde ich ihn sofort zurechtweisen.«

- »Ich würde sagen, dass er die Kauleiste stillhalten soll, und mich bei der betroffenen Person erkundigen, ob alles in Ordnung ist und ob wir vielleicht kurz so tun sollen, als würden wir uns kennen, bis wir außer Sichtweite sind.«

- »Ich würde mich absolut verantwortlich fühlen einzugreifen! Vielleicht, indem ich mich zwischen die beiden Personen stelle, um so erst mal den Raum zu trennen, und dem catcallenden Mann sagen, dass das mal gar nicht klargeht, und wenn möglich auch erklären, warum. Eine Sache, mit der ich mich dabei schwertue, ist, dass ich der betroffenen Person nicht absprechen oder die Möglichkeit nehmen möchte, für sich selbst einzustehen, und sie damit vielleicht in eine zu krasse Opfer-Position bringe.«

• »Leider fühle ich mich immer verantwortlich, bei so etwas einzugreifen – egal ob ›Kumpel‹ oder fremd. Mit ›leider‹ meine ich einfach nur, dass dieses Eingreifen auch immer wieder nervige Situationen mit sich bringt, die auch oft ganz anders ablaufen, als du es dir erhoffst. Ich würde jedenfalls versuchen, den ›Kumpel‹ zu beruhigen, und ihm erklären, dass er (wenn er der Person das schon unbedingt sagen muss) ihr ja auch ganz in Ruhe sagen könnte, dass er sie hübsch findet. Je nachdem, ob die betroffene Person noch mit anderen unterwegs ist, würde ich ihr auch Hilfe anbieten, zum Beispiel sie kurz begleiten oder mit ihr auf Freund:innen warten.«

So kannst du dazu beitragen, dass sich Betroffene sicherer fühlen

Auch wenn du selbst niemals auf die Idee kommen würdest, andere Menschen zu belästigen, könnte es sein, dass du, zum Beispiel als männlich gelesene Person, zu einer Gruppe gehörst, die Betroffenen von Catcalling Angst macht. Das hat nichts mit dir persönlich zu tun, sondern vor allem mit den Erfahrungen, die die andere Person bereits machen musste. Klar kannst du das nie wissen, aber du kannst trotzdem dazu beitragen, dass sich andere Menschen in deiner Gegenwart sicherer fühlen, zum Beispiel, indem du langsamer läufst oder die Straßenseite wechselst.

Das Team von *Catcalls of Hildesheim* hat seine männlichen Follower gefragt, ob sie sich dafür verantwortlich fühlen würden, einer Frau Sicherheit zu vermitteln, wenn sie bei Dunkelheit mit einer Gruppe Männer unterwegs sind. Hier sind ihre Antworten:

- »Ja, ich denke, viele Frauen fühlen sich sehr unwohl in der Gegenwart mehrerer Männer.«

- »Ja, das würde ich schon. Mir würde wahrscheinlich einfallen, dass sie vielleicht Angst hat, wenn eine Gruppe von Männern hinter ihr hergeht. Auf jeden Fall würde ich alle bitten, die Straßenseite zu wechseln und entweder langsamer zu werden oder die Frau auf der anderen Straßenseite zu überholen, damit wir nicht in ihrer Nähe bleiben. Außerdem könnte man ihr zurufen, dass sie keine Angst vor uns haben muss. Allerdings glaube ich, das würde eher das Gegenteil bewirken, weswegen ich das nicht mache.«

- »Ich würde meine Freunde bitten, die Straßenseite zu wechseln und ein bisschen zu warten, bis sie weiter weg ist, und dann weitergehen.«

- »Das kommt drauf an, mit wem ich unterwegs bin. Ich würde wohl in so einer Situation entweder zum Überholen oder mehr Abstand anregen. Am besten wäre es wohl, die Straßenseite zu wechseln, aber ich weiß, dass einige meiner Freunde oder Bekannten diesen Aufwand nicht auf sich nehmen würden. Sie sehen sich selbst nicht als Gefahr und verstehen wahrscheinlich nicht, dass jemand anderes das tun könnte. Ich würde auf jeden Fall die Diskussion so laut gestalten, dass die Frau dies mitbekommen könnte und somit wüsste, dass einer oder mehrere sich des Problems bewusst sind.«

- »In so einer Situation würde ich mich, wenn ich es in dem Moment überhaupt raffe, absolut verantwortlich fühlen, der Frau ein Gefühl von Sicherheit zu geben. Gruppen von Kerlen sind gruselig, selbst für mich schon. Und ich bin ein ziemlich großer Typ mit Bart und breiten Schultern. Man hat immer ein mulmiges Gefühl, dass es jeden Moment in irgendeiner Weise eskalieren kann.«

- »Ich habe dazu von einer feministischen Bloggerin eine Anleitung gelesen, wie man Frauen, besonders nachts, auf der Straße ein sicheres Gefühl geben kann. Und das versuche ich auch in Situationen, in denen eine Frau vor mir läuft, umzusetzen: vor allem Raum schaffen, indem man zum Beispiel die Straßenseite wechselt, langsamerer wird oder stehen bleibt.«

- »Auf jeden Fall. Mir fällt immer wieder auf, wie unangenehm es vielen Frauen ist, wenn hinter ihnen ein oder mehrere Männer langlaufen, was eigentlich ziemlich traurig, aber leider auch berechtigt ist. Und wenn ich in so einer Situation jemandem die Angst nehmen kann, dann mache ich das auch.«

Das solltest du tun, wenn du selbst von Catcalling nicht betroffen bist

Wenn Betroffene von Catcalling oder anderen Erfahrungen mit Belästigung oder Diskriminierung berichten: Hör zu und respektiere die Aussage. Es steht dir nicht zu, die Erfahrung von

Betroffenen zu bewerten oder zu erklären, warum etwas vielleicht gar nicht so gemeint war. Selbst, wenn du dabei gewesen sein solltest und die Situation ganz anders wahrgenommen hast: Betroffene, für die Diskriminierungsformen wie Sexismus, Rassismus, LGBTQIA+-Feindlichkeit, Religionsfeindlichkeit oder Ableismus alltäglich sind, können diese Situationen besser einschätzen als du. Manchmal sind es Feinheiten, durch die eine Aussage oder ein Verhalten problematisch wird. Viele Betroffene brauchen sehr lange, um zu erkennen, dass ihr Unwohlsein bei Catcalling berechtigt ist, dass es sich dabei tatsächlich um Belästigung handelt und dass sie dieses Verhalten nicht einfach hinnehmen müssen. Wenn es also für Betroffene schon nicht sofort erkennbar ist, warum sie sich mit etwas nicht wohlfühlen, ist es das für Nichtbetroffene noch weniger. Also: zuhören. Und wenn du dich dazu äußern möchtest, kannst du dein Mitgefühl bekunden oder sagen, dass dir gar nicht klar war, dass dieses Verhalten problematisch ist, und dass du froh bist, es nun besser zu wissen.

Und auch wenn du dich vielleicht sofort davon distanzieren und zum Beispiel erklären möchtest, dass »nicht alle Männer so handeln«, solltest du das lieber lassen. Wenn Betroffene von ihren Erfahrungen berichten, verallgemeinern sie damit nicht. Es geht also bei Gesprächen zu Catcalling und anderen Formen von Belästigung nicht darum, einer ganzen Gruppe die Schuld daran zu geben. Es ist also nicht nötig, dass du darauf hinweist. Eine solche Aussage könnte vielmehr bewirken, dass Betroffene das Gefühl haben, dass du ihre Erfahrungen damit zurückweisen möchtest.

Wie also kannst du als Nichtbetroffene:r deine Unterstützung zeigen? Du kannst zum Beispiel Betroffene um Aufklärung zu Problemen bitten, denen du nicht oder weniger begegnest. Wichtig ist dabei, dass du nicht erwartest, dass die andere Person in dem Moment oder generell dazu bereit ist. Denn es ist nicht die Aufgabe von Betroffenen, Nichtbetroffene aufzuklären. Das ist sehr anstrengend und nicht jede:r ist dazu immer oder überhaupt bereit. Es gibt aber genügend Anlaufstellen, die genau das machen – zum Beispiel die *Chalk Back* Accounts auf Instagram. Ihnen kannst du folgen, um mehr zu Catcalling zu erfahren. Und auch als Nichtbetroffene:r kannst du ihnen eine Nachricht schicken und um Hilfe bitten, wenn du etwas nicht verstehst. Für die Aktivist:innen ist es sehr erfreulich zu sehen, dass sich auch Nichtbetroffene mit dem Thema auseinandersetzen und bereit sind dazuzulernen.

Catcalling ist ein gesamtgesellschaftliches Problem, bei dem es wichtig ist, dass sich auch Nichtbetroffene dagegen aussprechen und einsetzen. Denn derartige Belästigung zeigt die diskriminierenden Denkweisen auf, die in unserer Gesellschaft verankert sind. Nichtbetroffene können helfen, diese Strukturen aufzulösen, indem sie nicht nur in konkreten Situationen ihre Unterstützung anbieten, sondern auch, indem sie sich weiter zu dem Thema informieren, sexistische und andere diskriminierende Aussagen ablehnen und ansprechen und die eigenen sexistischen oder anders diskriminierenden Denkweisen hinterfragen und ablegen.

Das kannst du machen, um gesellschaftlich gegen Catcalling vorzugehen

Ob du selbst betroffen bist oder nicht – sicher siehst du, warum wir auf gesellschaftlicher Ebene gegen Catcalling vorgehen müssen. Das fängt natürlich damit an, dass du nicht wegschaust, wenn jemand anders belästigt wird. So kannst du im Kleinen etwas gegen Belästigung tun. Und auch dadurch, dass du dich informierst und dieses Verhalten nicht länger hinnimmst, trägst du etwas dazu bei, dass sich unsere Gesellschaft langsam verändert. Aber wenn du möchtest, kannst du noch mehr machen!

Wie kann ich ein Teil von Chalk Back werden?

Wenn du selbst ankreiden möchtest, solltest du zuerst nachsehen, ob in deinem Ort schon ein *Chalk Back* Account aktiv ist. Falls es bereits einen Account gibt, kannst du ihn anschreiben und das Team fragen, ob sie Unterstützung möchten. Bestimmt freuen sie sich, von dir zu hören!

Wenn es noch keinen Account für deinen Ort gibt, kannst du auf der Webseite von *Chalk Back* einen neuen Account registrieren: www.chalkback.org/sign-up-for-an-account. Du wirst dann mit in die Bewegung aufgenommen und bekommst Hilfsmaterialien und Unterstützung vom Onboarding Team. Und auch die anderen Accounts helfen dir gerne beim Start. Sie

können dich zum Beispiel damit unterstützen, die ersten Einsendungen und Follower:innen zu gewinnen. Auch wenn du Fragen zu deiner ersten Ankreidung hast, weil du dir vielleicht nicht sicher bist, wo du überhaupt ankreiden darfst oder welche Kreide sich eignet, werden sie dir helfen können.

Wie kann ich *Chalk Back* unterstützen, wenn ich selbst nicht ankreiden möchte?

Wenn du selbst nicht ankreiden möchtest, kannst du der Bewegung mit Likes und Kommentaren auf Instagram deine Unterstützung zeigen. Viele Ortsgruppen freuen sich auch über Kreidespenden – gute Kreide kann nämlich echt ins Geld gehen. Mehr Informationen dazu, wie du die Bewegung unterstützen kannst, findest du auf www.chalkbackdeutschland.org.

7

CATCALLS BULLSHIT BINGO

Catcalls Bullshit Bingo

Eine Person hat mich **wegen meiner Behinderung** diskriminiert	Eine Person hat **mich bedroht**	Eine Person hat **mein Aussehen kritisiert**	Eine Person **leckte sich über die Lippen** und schaute mich dabei an
Eine Person hat mich **ohne Einwilligung angefasst**	Eine Person hat etwas **Rassistisches** gesagt	Eine Person hat beleidigt oder **wütend reagiert**, als ich nicht auf einen Catcall reagiert habe	Eine Person hat mich **bedrängt**
Eine Person **hupte** mich an	Eine Person hat **mich angestarrt**	Platz für deine Erfahrung	Auch **als Kind oder Teenager** wurde ich schon von erwachsenen Personen **belästigt**
Eine Person hat **mich verfolgt**	Eine Person hat mich **wegen meiner sexuellen Orientierung** diskriminiert	Eine Person hat mir **hinterher-gepfiffen**	Eine Person hat mich wegen meiner **Geschlechts-identität** diskriminiert

Mach ein Foto und teil dein ausgefülltes Bingo auf Instagram! Nutz den Hashtag #CatcallsBuchBingo & tagge einen *Chalk Back* Account in deiner Nähe.

8

ANGEKREIDET: CATCALLS SIND NICHT »NUR« SEXISTISCH!

Du hast in den vorherigen Kapiteln gelesen, dass Catcalling auf sexistischen gesellschaftlichen Strukturen beruht, die sich in unterschiedlichen Denk- und Verhaltensweisen ausdrücken. Eine Denkweise, die in vielen Catcalls unausgesprochen mitschwingt, ist Misogynie, also eine feindliche Haltung gegenüber weiblich gelesenen Personen. Manchmal äußert sich diese Einstellung aber auch ganz deutlich.

Misogyne Catcalls würdigen weiblich gelesene Personen herab, indem sie sie auf ihren Körper und bestimmte Rollenbilder reduzieren. Die Betroffenen werden

dabei nicht als ebenbürtige Menschen angesprochen, sondern wie passive Objekte behandelt. Wie du in → *Kapitel 2* schon lesen konntest, wird mit Catcalls, die feindlich und abwertend gegenüber weiblich gelesenen Personen sind, versucht, Macht zu demonstrieren und Kontrolle auszuüben, indem andere Personen untergeordnet werden.

Aber nicht nur weiblich gelesene Personen erleben misogyne Catcalls: Männlich gelesene Personen können diese Diskriminierungsform ebenfalls erleben – nämlich dann, wenn ihr Aussehen oder ihr Verhalten als »zu weiblich« empfunden werden. Wenn männlich gelesene Personen auf misogyner Ebene belästigt werden, dann hauptsächlich deshalb, weil sie nicht dem traditionellen Männlichkeitsideal entsprechen. In dieser Aufwertung von Männlichkeit ist dann gleichzeitig eine Abwertung von Weiblichkeit enthalten. Um Misogynie handelt es sich dabei, weil ein »weibliches« Aussehen oder »weibliche« Verhaltensweisen gesellschaftlich so negativ besetzt sind, dass sie eine männlich gelesene Person in ihren Augen abwerten können. Leo von *Catcalls of Hagen* erzählt:

Name Leo von *Catcalls of Hagen*
Pronomen dey/deren
Beschreibung Leo studiert Soziale Arbeit im dualen Studiengang in Hamm und Hagen. 2021 hat dey *Catcalls of Hagen* übernommen und setzt sich nicht nur auf Instagram, sondern auch auf Demos gegen Queerfeindlichkeit, Rassismus und soziale Ungerechtigkeit ein.

» Ich bin non-binary und trage unter anderem sehr gerne Ringe, Nagellack und immer öfter auch Kleidung, die von der Gesellschaft als ›weiblich‹ angesehen wird. Ich hatte schon häufiger mit Irritationen bei anderen Menschen zu tun, da ich auch einen Bart trage und es scheinbar sehr verwirrend ist, gerade für cis-hetero Menschen, dass sich eine männlich gelesene Person so kleidet oder zurechtmacht. Bis vor ein paar Tagen habe ich aber bis auf ein paar etwas plumpe Fragen und dumme Blicke keine krasseren Erfahrungen gemacht.

Letzten Donnerstag war ich bei meiner Optikerin, und als ich rausging, kam mir ein älterer Mann entgegen. Er musterte mich ziemlich abschätzig. Normalerweise ignoriere ich so was und gehe einfach weiter, aber diesmal fand ich es so unangenehm, dass ich stehen blieb und etwas sagen wollte. Bevor es dazu kommen konnte, spuckte er einmal vor mir auf den Boden und sagte: ›Bist du auch so eine Schwuchtel? Wo sind nur die ganzen richtigen Männer hin? Echte Männer tragen keine Ringe, nur den Ehering. Pfui Teufel.‹

Es standen locker zehn Leute in der Nähe, die das alles gehört haben und den Mann und mich auch anstarrten. Als ich mich umschaute, guckten ausnahmslos alle, ohne etwas zu sagen, weg. Der Mann grinste mich daraufhin nur an und ging ins Geschäft.

Ich bin eigentlich megaschlagfertig und Beleidigungen lasse ich auch nicht so an mich ran. Aber das war für mich so hart, dass ich mich weder bewegen noch etwas sagen konnte. Ich bin dann relativ mechanisch aus dem Geschäft gegangen, nach Hause gefahren und hab den ganzen restlichen Tag geweint. **«**

Du siehst: Belästigung im öffentlichen Raum (und anderswo) ist nicht »einfach« sexistisch. Oft diskriminieren Catcalls auch auf anderen Ebenen. Sie können zum Beispiel feindlich gegenüber der LGBTQIA+ Community sein, rassistisch, ableistisch oder diskriminierend gegenüber bestimmten Religionszugehörigkeiten. Daher reicht es im Kampf gegen patriarchalische Machtstrukturen nicht, sich nur für cis Frauen einzusetzen, wie es in früheren Feminismus-Wellen der Fall war. Denn auch wenn manche Aussagen oder Formen von Belästigung vielleicht nicht auf sexistischer Ebene diskriminieren, beruhen sie trotzdem auf patriarchalischen Machtstrukturen.

Oft genug gehören Personen, die Diskriminierung erfahren, zudem nicht nur einer marginalisierten Gruppe an, sondern mehreren. Zum Beispiel kann eine weiblich gelesene Person mit Migrationsgeschichte sexistische *und* rassistische Belästigung erleben. Oder eine männlich gelesene Person, die der LGBTQIA+ Community zugehört und eine Behinderung hat, kann auf LGBTQIA+-feindlicher *und* ableistischer Ebene Diskriminierung erfahren. Deshalb ist es wichtig, dass feministische Ziele diese Schnittpunkte, an denen verschiedene Diskriminierungskategorien aufeinandertreffen, miteinbeziehen. Genau das macht *intersektionaler* Feminismus.

Geprägt hat den Begriff »Intersektionalität« die US-amerikanische Juristin Kimberlé Crenshaw. Darin enthalten ist das englische Wort »intersection«, auf Deutsch »Straßenkreuzung«. Intersektionalität drückt also aus, dass sich verschiedene Diskriminierungskategorien kreuzen und Betroffene deshalb gleichzeitig auf verschiedenen Ebenen diskriminiert werden können. Durch dieses Bild von der Straßenkreuzung wird anschaulich gemacht, wie komplex Diskriminierung oft ist, wenn die Betroffenen mehrfach marginalisiert sind.

Wie wir über etwas – oder jemanden – reden, zeigt, wie wir darüber denken. Und umgekehrt beeinflussen die Worte, die wir wählen, auch, wie wir zu etwas – oder jemandem – stehen. Auch deshalb ist Catcalling mehr als »nur Worte«: Es wirkt wie ein Spiegel für problematische Denkweisen in unserer Gesellschaft – ein Spiegel, der diese Probleme nicht nur wiedergibt, sondern sie wie in einem Spiegelkabinett vervielfältigt und endlos weiterträgt. Denn wenn es gesellschaftlich akzeptiert ist, bestimmte Dinge in der Öffentlichkeit laut zu sagen, wird die Einstellung, die dahintersteckt, ebenfalls hingenommen – oder sogar insgeheim gutgeheißen.

Mit dem #Ankreiden werden diese problematischen Denkweisen, die sich in Catcalls widerspiegeln, angeprangert. Dabei arbeitet die *Chalk-Back*-Bewegung intersektional, um so die unterschiedlichen Ebenen von Diskriminierung, die in Catcalls enthalten sind, aufzuzeigen.

Lisanne von *Catcalls of Hannover* hat die ersten zweieinhalb Jahre des Accounts ausgewertet und sich dabei genau angesehen, welche Formen von Diskriminierung über diesen Zeitraum in den Ankreidungen enthalten waren.

Name Lisanne Richter
Pronomen sie/ihr
Beschreibung Lisanne studiert Englisch und Geschichte an der Leibniz-Universität Hannover. Im Juni 2019 gründete sie die Hannoveraner Ortsgruppe, nachdem sie genug von eigenen Erlebnissen mit Catcalling hatte. Mittlerweile ist Lisanne Referentin für Catcalling und sexualisierte Belästigung und in Hannover eine gefragte Expertin in diesem Themenbereich. Sie ist außerdem die Vorstandsvorsitzende von *Chalk Back Deutschland*.

Lisanne erklärt:

» Bei der Auswertung habe ich zwischen Verhaltensweisen und Denkweisen unterschieden. Natürlich sind diese Zahlen nicht repräsentativ, da es sich dabei nur um die Fälle von Belästigung handelt, die uns geschickt wurden – und nicht um die Gesamtzahl der Vorfälle in Hannover. Diese Zahlen bilden also nur einen kleinen Teil der stattgefundenen Belästigung ab. Aber ich habe sie danach ausgewertet, wie und wo Menschen belästigt werden – und welche Diskriminierungsformen darin enthalten sind. «

darunter diese Verhaltensweisen

verbale Belästigung: **467**

Verfolgung: **64**

Bedrängung: **56**

Upskirting: **2**

Entblößen: **44**

körperliche sexualisierte Belästigung: **176**

Gewaltandrohung: **23**

körperliche Gewalt: **8**

extreme sexualisierte Gewalt: **5**

Belästigung in den öffentlichen Verkehrsmitteln: **62**

Belästigung am Arbeitsplatz: **88**

Belästigung in der Schule: **60**

Belästigung online: **5**

Gesamtanzahl der angekreideten Vorfälle: **998**

und diese Diskriminierungsformen & Denkweisen

Rassismus & rassistische Fetischisierung: **41**

LGBTQIA+-Feindlichkeit & -Fetischisierung: **39**

Islamophobie: **3**

Ableismus: **1**

Body Shaming: **10**

Objektifizierung: **900**

Victim Blaming: **28**

Slut Shaming: **17**

Betroffen waren

minderjährige Personen bei **212** Vorfällen

männliche Personen bei **18** Vorfällen

>> Sexualisierte Belästigung ist also ein sehr komplexes Problem. Diese Belästigung kann ganz unterschiedliche Formen annehmen, an unterschiedlichen Orten stattfinden und unterschiedliche Menschen betreffen. Sehr deutlich ist auch: Bei Catcalling werden Betroffene oft auf verschiedenen Ebenen diskriminiert, zum Beispiel rassistisch, LGBTQIA+-feindlich, ableistisch, aufgrund einer Religionszugehörigkeit oder basierend auf gesellschaftlichen Schönheitsnormen.

Über die zweieinhalb Jahre, die ich den Account *Catcalls of Hannover* jetzt schon führe, habe ich in unseren Nachrichten und Kommentaren, auf vielen Events und auch auf der Straße mit vielen betroffenen Personen über Catcalling sprechen können. Durch die vielen verschiedenen Perspektiven von Menschen, die unterschiedlich Diskriminierung erfahren, habe ich sehr viele Einblicke und Ideen zu diesem Problem mit auf den Weg gegeben bekommen. Diese Punkte möchte ich hier teilen, um zu erklären, wie bei Catcalling auf unterschiedlichen Ebenen diskriminiert wird. <<

Catcalling und rassistische Diskriminierung

>> Rassistische Catcalls schreiben einem bestimmten Aussehen eine bestimmte Herkunft zu, die mitunter gar nicht stimmt. Darauf basierend werden menschenverachtende Vorurteile, Herabwürdigung und

Hass geäußert, die sich bestimmter rassistischer Stereotypen bedienen. Oft werden bei rassistischen Catcalls auch unterschiedliche Kulturen verwechselt oder verallgemeinert. So werden andere Kulturen abgewertet, indem sie missachtet und unsichtbar gemacht werden, und die eigene Kultur im Gegenzug aufgewertet.

Während sexistische Diskriminierung in Form von Catcalling zwar manchmal auch schon in sehr jungen Jahren erfahren wird, ist dies bei rassistischen Catcalls noch viel mehr der Fall. Diese Art der Diskriminierung erleben Betroffene schon sehr früh – entweder indem sie selbst auf herabwürdigende und menschenverachtende Art angesprochen werden oder indem sie solche Aussagen im öffentlichen Raum schon als Kinder alltäglich mitbekommen.

In rassistischen Catcalls ist oft unausgesprochen die Aussage enthalten, dass Personen, die anders aussehen, nicht willkommen sind. Dabei schwingt dann gleichzeitig mit, dass Einzelpersonen auf der Straße entscheiden können, wer dazugehört und wer nicht. Solche Aussagen sollen Personen mit (vermeintlicher) Migrationsgeschichte aus dem öffentlichen Raum ausschließen. Häufig verlangen rassistische Catcalls auch, dass die Betroffenen sich dankbar zeigen sollen – dankbar, hier leben zu dürfen, oder auch dankbar für die ›Aufmerksamkeit‹, die sie durch den Catcall erhalten.

Häufig erleben Betroffene von rassistischen Catcalls auch, dass sie aufgrund ihrer (vermeintlichen) Herkunft sexualisiert und so fetischisiert werden. Sie erfahren also eine zusätzliche Objektifizierung. Be-

troffen von derartiger Fetischisierung sind vor allem weiblich gelesene Schwarze Menschen und Personen, die aus eurozentrischer Sicht
als ›exotisch‹ gelesen und darauf basierend sexualisiert werden. **«**

Der Begriff »Fetischisierung« bezeichnet die Objektifizierung und Sexualisierung einer Person aufgrund eines
bestimmten Merkmals, zum Beispiel weil sie eine bestimmte
Hautfarbe hat. Menschen, die fetischisiert werden, werden
nicht nur auf ihren Körper, sondern darüber hinaus auf ein
bestimmtes Merkmal reduziert.
Vor dem Hintergrund der europäischen Kolonialgeschichte ist
in rassistischer Fetischisierung aber auch ein historisches
Machtgefälle zwischen einer unterdrückenden Gruppe und
einer unterdrückten Gruppe enthalten. Denn nicht selten wurden kolonialisierte Menschen nicht nur unterdrückt, sondern
auch aufgrund ihres Aussehens oder vermeintlich »typischer«
Charakterzüge sexualisiert. Diese Denkweisen finden sich auch
heute noch.

>> Fetischisierende Aussagen – wie auch das Wort ›exotisch‹ als Beschreibung für andere Menschen – tarnen sich als nicht rassistisch. Aber weil solche Catcalls die Betroffenen auf ihr Aussehen und ihre (vermeintliche) Herkunft reduzieren, sie abwerten, objektifizieren und entmenschlichen, sind sie rassistisch. In ihnen enthalten ist außerdem das Anspruchsdenken, dass Schwarze Menschen, People of Colour und Personen mit (vermeintlicher) Migrationsgeschichte für andere existieren.

In manchen rassistischen Catcalls ist auch ein Anspruchsdenken auf ›deutsche Frauen‹ enthalten – dann zum Beispiel, wenn männlich gelesene Personen mit vermeintlicher Migrationsgeschichte im öffentlichen Raum mit ›deutsch‹ aussehenden, weiblich gelesenen Personen unterwegs sind. Darauf reagieren manche heterosexuellen männlichen Catcaller mit Wut, weil sie der Meinung sind, dass ihnen etwas weggenommen wird, worauf sie einen Anspruch haben.

Die Pandemie hat eine ganz bestimmte Art Rassismus zutage gefördert, die vorher für viele Menschen nicht so offensichtlich, wenn auch schon immer vorhanden war, nämlich gegenüber Menschen mit asiatischer Herkunft. Auch hier wird einem bestimmten Aussehen eine bestimmte Herkunft zugeschrieben, die möglicherweise gar nicht stimmt. Und auch hier werden unterschiedliche Kulturen verwechselt oder verallgemeinert. Viele rassistische Catcalls, die sich auf

die Pandemie beziehen, bezeichnen asiatisch gelesene Personen allgemein als
chinesisch.

Diese Catcalls äußern oft Schuldzu-
weisungen in Bezug auf den Ausbruch
der Pandemie. Die Verantwortung dafür
wird also auf eine in Deutschland marginalisierte Personengruppe projiziert. So
wird die tatsächliche Verantwortung in dieser Pandemie – die des
Staates, aber auch die jedes:jeder Einzelnen – verschoben und
unsichtbar gemacht.

Rassistische Catcalls zur Corona-Pandemie enthalten und verstärken auch rassistische Vorurteile zu Krankheiten und Hygiene, zum

Beispiel die Annahme, dass europäische
Kulturen sauberer seien. Aber erstens sind
diese Stereotypen schlicht falsch. Und
zweitens sind europäische Staaten dafür
verantwortlich, dass durch Kolonialisierung
und Industrialisierung in manchen nicht-
europäischen Ländern Ressourcen zerstört
und verschmutzt und so die Hygienebedin-
gungen in manchen Gegenden langfristig
beeinträchtigt wurden. Auf Basis dieser euro-
päisch verschuldeten Umstände lassen sich aber keine pauschalen
Aussagen über die Sauberkeit der Menschen, die dort leben, treffen.

Körperliche Übergriffe während der Pandemie gegenüber asiati-
schen Communities in den USA zeigen, dass verbale Gewalt eine Vor-
stufe von körperlicher Gewalt ist. Sie zeigen, wie marginalisierte
Gruppen zum gesellschaftlichen Sündenbock gemacht werden. Und
diese Schuldzuweisung findet auch in Deutschland statt, wie rassistisch diskriminierende Aussagen gegenüber asiatisch gelesenen Menschen im öffentlichen Raum zeigen. ◀◀

Catcalling und LGBTQIA+-feindliche Diskriminierung

>> Catcalls, die feindlich gegenüber der LGBTQIA+ Community sind, schreiben Menschen, die als queer wahrgenommen werden, eine Geschlechtsidentität oder sexuelle Orientierung zu, die nicht der gesellschaftlichen Norm – also binär und heterosexuell – entspricht. Diese Zuschreibung kann zwar zutreffen, aber für Außenstehende sind die Geschlechtsidentität oder sexuelle Orientierung einer anderen Person nicht erkennbar. Dennoch erfahren Menschen auf dieser Grundlage Anfeindungen.

LGBTQIA+-feindliche Catcalls reduzieren nicht-binäre oder nicht heterosexuelle Personen auf das, wodurch sie von der gesellschaftlichen Norm abweichen: ihre Sexualität und ihr Geschlecht – als sei das alles, was sie ausmacht. Solche Catcalls beinhalten ein explizites Verständnis davon, was ›richtige‹ Männlichkeit oder ›richtige‹ Weiblichkeit ausmacht. Personen, die nicht in dieses enge Verständnis passen, werden basierend auf ihrer vermeintlichen Geschlechtsidentität oder sexuellen Orientierung abgewertet, indem ihnen gegenüber Ablehnung oder sogar Ekel ausgedrückt werden.

Oft leugnet LGBTQIA+-feindliches Catcalling auch bestimmte sexuelle Orientierungen, nimmt diese nicht ernst oder spricht sie den belästigten Personen ab. Manchmal werden von ihnen auch ›Beweise‹ verlangt, mit denen sie ihre sexuelle Orientierung oder ihr Nichtinteresse an der catcallenden Person belegen sollen. Dieser Form von Ablehnung oder Infrage-

stellen trifft vor allem Asexualität oder Pansexualität, aber auch andere nicht heteronormative sexuelle Orientierungen. Besonders übergriffig ist LGBTQIA+-feindliche Belästigung, wenn sie sich zusätzlich zur sexuellen Selbstbestimmung einer Person auch über ihre sexuelle Orientierung hinwegsetzt.

Gesellschaftlich wird nicht heteronormativen Orientierungen häufig eine sexuelle Verfügbarkeit zugeschrieben, die sich auch in LGBTQIA+-feindlichem Catcalling äußert. Zum Beispiel erleben bisexuelle Personen, dass sie als ›Abenteuer‹ für heterosexuelle Beziehungen gesehen werden. Darin enthalten ist die Annahme, dass Bisexualität gleichzeitig Polyamorie oder Promiskuität bedeutet und dass bisexuelle Menschen an jedem:jeder uneingeschränkt sexuelles Interesse haben. Sie erfahren so also eine Fetischisierung ihrer Sexualität. Gleichzeitig wird Bisexualität aber gesellschaftlich oft nicht ernst genommen. Zum Beispiel wird behaup-

tet, bisexuelle Menschen könnten sich nur nicht entscheiden, würden ja nur experimentieren oder möchten sich nicht eingestehen, dass sie eigentlich homosexuell sind.

Auch lesbische Personen erleben sehr häufig, dass ihre Sexualität und ihre romantischen Beziehungen fetischisiert werden – als seien sie nichts weiter als sexuelle Fantasien für cis-hetero Männer. Gerade wenn ihr Aussehen nicht zur gesellschaftlichen Vorstellung von einer lesbischen Person passt, sprechen Catcalls ihnen häufig ihre sexuelle Orientierung ab, nehmen diese nicht ernst oder legen nahe, dass sie ja nur mal einen ›richtigen Mann‹ bräuchten. In solchen Aussagen äußert sich ein cis männlicher Anspruch auf den Körper einer weiblich gelesenen Person, selbst wenn diese kein Interesse an Männern hat. Unausgesprochen darin ist die Annahme, dass nur heteronormativer Sex erfüllend ist und Paaren ohne cis Mann etwas fehlt.

Sexualisierende Aussagen gegenüber Menschen aus der LGBTQIA+ Community reduzieren die Betroffenen auf ihr Aussehen und ihre (vermeintliche) Geschlechtsidentität oder sexuelle Orientierung. Deshalb ist auch Fetischisierung diskriminierend, weil die Betroffenen dadurch objektifiziert und in ihrer Identität und Orientierung abgewertet und entmenschlicht werden. Sie werden auf einen Körper reduziert, auf den jemand anders Anspruch erhebt. In solchen Catcalls enthalten ist also das Anspruchsdenken, dass Menschen unabhängig von der eigenen Sexualität für andere existieren.

Wenn queere Personen im öffentlichen Raum belästigt werden, werden auch häufig explizite Gewaltandrohungen geäußert. Und manchmal bleibt es nicht einfach bei Drohungen: Menschen, die der LGBTQIA+ Community angehören, erfahren häufig körperliche Gewalt, die durch LGBTQIA+-Feindlichkeit motiviert ist. Es kommt vor, dass dieser Hass religiös begründet wird. Manchmal werden queere Identitäten und Orientierungen auch pathologisiert, das heißt, sie werden als krankhaft bezeichnet oder dargestellt, wodurch ihnen ihre Daseinsberechtigung abgesprochen wird. Mit diesen ›Begründungen‹ werden Geschlechtsidentitäten und sexuelle Orientierungen, die nicht der gesellschaftlichen Norm entsprechen, marginalisiert, stigmatisiert oder unsichtbar gemacht. **«**

Lasst doch einfach die Leute in Ruhe ihren Alltag machen, ohne Angriffe und Belästigungen.

Catcalling und religionsfeindliche Diskriminierung

>> Manche Catcalls kommentieren auch auf abwertende Weise die Religionszugehörigkeit einer Person, wenn diese erkennbar ist. Sie drücken aus, dass bestimmte Religionen nicht willkommen sind. Auch hier werden die Betroffenen auf etwas reduziert, nämlich ihre Religionszugehörigkeit, basierend auf religiösen Zeichen oder bestimmten Kleidungsstücken.

Zum Beispiel nimmt verbale islamophobe Belästigung häufig Bezug auf bedeckende Kleidung. Anders als ›klassische‹ Catcalls, die kurze oder enge Kleidung als ›provokativ‹ kritisieren, wird hier die bedeckende Kleidung als Provokation empfunden – weil diese für eine weniger akzeptierte Religion steht, die so im öffentlichen Raum sichtbar wird. Derartige Catcalls legen also nahe, dass es provokativ ist, sich bedeckt zu kleiden – wenn man dadurch die Zugehörigkeit zu einer bestimmten Religion zum Ausdruck bringt. Und auch hier werden Betroffene auf ihren Körper reduziert und objektifiziert, obwohl dieser bedeckt ist. <<

155

Catcalling und ableistische Diskriminierung

>> Der öffentliche Raum ist vielerorts für Personen mit Behinderungen oder körperlichen Beeinträchtigungen schwerer zugänglich. Dadurch werden Personen, die nicht able-bodied sind, von manchen Orten ausgeschlossen. Und durch ableistisches Catcalling erfahren Betroffene eine weitere Ebene der Ausgrenzung. Derartige Catcalls drücken aus, dass Menschen mit Behinderungen oder körperlichen Beeinträchtigungen im öffentlichen Raum nicht willkommen sind und dass die catcallende Person sie dort schlicht nicht sehen will.

Frauen mit Behinderung sind außerdem die Bevölkerungsgruppe, die am häufigsten sexuelle Übergriffe erlebt. Das bedeutet, dass sie aus dem öffentlichen Raum oft nicht nur ausgeschlossen werden, sondern dort auch größerer Unsicherheit ausgesetzt sind. Sie erfahren hier also Diskriminierung auf zwei Ebenen: sexistisch und ableistisch. <<

→ Mehr dazu, wie FLINTA*-Personen mit Behinderungen im öffentlichen Raum diskriminiert und ausgegrenzt werden, berichtet Linnea von *Catcalls of Karlsruhe* in **Kapitel 9**.

Catcalling und Diskriminierung aufgrund des Aussehens

>> Auch Body Shaming kann eine Diskriminierungsform darstellen, nämlich dann, wenn Menschen, die nicht den gesellschaftlichen Schönheitsidealen entsprechen, anders behandelt werden als normschöne Menschen. Hauptsächlich ist dies bei Fat Shaming der Fall,

weil damit gesellschaftliche Vorurteile verbunden sind wie zum Beispiel die Annahme, dass dicke Menschen träge oder faul sind. Aber auch Skinny Shaming oder andere Kommentare, die darauf abzielen, bei den Betroffenen Scham in Bezug auf den eigenen Körper auszulösen, können diskriminierend sein. Denn auch diese Art des Catcallings objektifiziert die betroffenen Personen und setzt sie herab.

Oft fordern solche Catcalls auch, dass die Betroffenen sich dankbar zeigen sollen für die Aufmerksamkeit, die sie durch die Belästigung erhalten. Solche Kommentare drücken aus, dass vermeintliche körperliche Makel bedeuten, dass die Betroffenen nicht ›wählerisch‹ sein dürfen und jede Form von Aufmerksamkeit, egal wie herabwürdigend, dankbar annehmen sollen – weil sie ja nicht mehr als das verdient hätten. So wird auch hier von den catcallenden Personen ein Anspruch auf eine andere Person – auf ihren Körper, ihre Aufmerksamkeit und ihre Dankbarkeit – erhoben. «

⟶ Mehr zu Body Shaming erzählt Maresa von *Catcalls of Cologne* in **Kapitel 9**.

9

(WIDER)WORTE AUS DER COMMUNITY

Ingy von Catcalls of Berlin: Wie reagiert die Öffentlichkeit auf das #Ankreiden?

Name Ingy El Ismy

Pronomen sie/ihr

Beschreibung Ingy ist Rehabilitationspädagogin und hat 2019 den Account *Catcalls of Berlin* mitgegründet. Seither wird sie außerdem häufig zu Workshops oder als Referentin zu den Themen Geschlechtergerechtigkeit und sexualisierter Gewalt angefragt.

Seit wir im Februar 2019 in Deutschland mit dem #Ankreiden begonnen haben, erleben wir auf der Straße die unterschiedlichsten Reaktionen. Das Team von *Catcalls of Lingen* hat diese in einem Post gesammelt – die guten:

- »Das ist ein tolles Projekt!«
- »Danke!«
- »Wirklich toll, ich komme noch mal vorbei, wenn es fertig ist.«
- »Großartig, dass ihr auf diese Thematik aufmerksam macht!«
- »Es ist schön zu sehen, wer dahintersteht!«
- »Das ist echt super, denn so was passiert nicht nur in den Großstädten.«

und die nicht so guten:

- »Das wird man doch wohl noch sagen dürfen!«
- »Das ist doch ein ganz normales Kompliment!«
- Ältere Dame: »Was steht da?« – Begleitung: »Nichts.«
- »Ach, die sind ja selber schuld, wenn die sich so freizügig anziehen.«
- Sagen nichts, aber fahren sehr knapp am Körper mit dem Fahrrad vorbei.
- Kind: »Papa, was machen die da?« – Elternteil: »Nichts. Schau nicht hin und geh weiter.«

Solch unterschiedliche Reaktionen sind immer sehr interessant, weil wir so die verschiedensten Einstellungen in unserer Gesellschaft zum Thema Catcalling mitbekommen – und natürlich wollen wir auch mit Menschen Gespräche führen, die andere Sichtweisen haben! Wie könnten wir irgendetwas ändern, wenn wir uns nur in unserer Social Media Bubble bewegen würden? Klar sind problematische Meinungen und unproduktive Diskussionen anstrengend – aber Austausch ist wichtig, online und offline.

Auf der Straße laufen viele Leute einfach an unseren Ankreidungen vorbei – oder drüber. Manche bleiben stehen und gucken sich an, was wir da gerade schreiben. Viele sind dann schockiert und fragen, ob das wirklich passiert ist. Manche wollen wissen, was *Catcalls of Berlin* ist und was wir machen. Die meisten finden es nach einem Austausch eine richtig gute und sehr wichtige Aktion. Einige bedanken sich auch dafür, dass wir Catcalling ankreiden – entweder weil sie selbst betroffen sind und sich verstanden fühlen oder weil sie das Problem vorher nicht kannten und so davon erfahren haben.

Manche Leute gucken betroffen und wissen nicht, was sie sagen sollen. Es ist ja auch erschreckend, solche Dinge im öffentlichen Raum zu lesen. Daher zensieren wir ganz explizite Sachen. Erwachsene kennen diese Wörter zwar, aber es lesen ja auch Kinder, was auf der Straße steht.

Das kommentieren dann auch manche – was, wenn Kinder das lesen? Das kann doch nicht einfach so auf der Straße stehen. Aber wir finden, wenn Kinder Catcalls in der Öffentlichkeit nicht nur mitbekommen, sondern auch selbst betroffen davon sind, ist es auch für sie wichtig zu erfahren, dass dieses Verhalten nicht in Ordnung ist. Das finden auch einige Eltern, denen wir beim #Ankreiden begegnen und die ihren Kindern dann erklären, worum es dabei geht und dass man so was nicht macht. Wir erleben auch, dass viele Eltern – gerade Väter, die Catcalling selbst vielleicht gar nicht kennen – oft sehr schockiert sind, wenn sie unsere Ankreidungen lesen, und sich um ihre Kinder sorgen, weil sie auch Belästigung erfahren können. Deshalb finden sehr viele unseren Aktivismus dann umso wichtiger.

Es passiert aber auch immer mal wieder, dass wir absolutes Unverständnis erfahren und dass Catcalling als Problem abgetan oder verharmlost wird – sowohl von männlich als auch weiblich gelesenen Personen. Manchmal werden wir sogar von Passant:innen angefeindet, als »Schmutzfinken« bezeichnet und aufgefordert, die Ankreidungen zu entfernen. Es ist auch schon mehrfach passiert, dass jemand eine Wasserflasche über eine frische Ankreidung

ausgeleert hat. Ironisch ist es, wenn wir beim #Ankreiden gecatcallt werden – und das passiert nicht selten. Aber das kreiden wir dann an Ort und Stelle an.

Online findet vor allem viel Austausch in Form von Kommentaren statt: Oft zeigen Menschen unter einem Post ihre Anteilnahme und Unterstützung oder sie drücken ihren Ekel, ihre Wut, ihre Frustration oder ihre Fremdscham dazu aus. Wir bekommen auch Kommentare, in denen sich Betroffene, aber auch Nichtbetroffene bei uns bedanken. Ab und zu kommt es vor, dass uns Männer schreiben, die selbst lange nicht verstehen konnten, warum Catcalling ein Problem ist. Sie schätzen unsere Aufklärungsarbeit und danken uns, weil wir kritische Kommentare nicht sofort löschen und die Accounts blockieren, sondern stattdessen geduldig alles beantworten und erklären.

Manchmal bekommen wir aber auch Kommentare von Menschen, die das Problem offenbar gar nicht verstehen wollen und uns nur in Diskussionen verwickeln möchten. Das kann viel Energie rauben, weil wir problematische Kommentare nicht unkommentiert unter unseren Posts stehen haben wollen – vor allem dann, wenn sie Catcalling verharmlosen und den betroffenen Personen die eigene Erfahrung absprechen. Wir weisen in unserer Netiquette bewusst darauf hin, dass die Erlebnisse von Betroffenen nicht infrage gestellt oder relativiert werden sollen, da nur die betroffene Person selbst die Situation einschätzen kann. Aber daran halten sich leider nicht alle.

Manche Kommentare verleugnen das Problem komplett, behaupten, wir würden uns die Vorfälle nur ausdenken, oder fragen, ob wir denn »keine anderen Probleme haben«. Manchmal bekommen wir auch beleidigende Kommentare und DMs. Diese unterstellen uns ab und zu Männerhass und bemängeln, dass wir uns angeblich nur für Frauen einsetzen und Hass auf Männer schüren. Aber wir kreiden für alle Betroffenen an und sind sehr bedacht darauf, nicht zu generalisieren. Denn wir wissen sehr gut, dass Catcalling ein komplexes Problem ist, bei dem nicht verallgemeinernd in weibliche Betroffene und männliche Täter unterteilt werden kann – und das kommunizieren wir auch genau so auf unserem Account. Trotzdem bekommen wir auch empörte »Nicht alle Männer sind so!«- und »Aber wenn Männer belästigt werden, kümmert es keinen!«-Kommentare, die sich einerseits darüber aufregen, dass männliche Betroffene nicht genug beachtet werden, und andererseits erklären, dass Catcalling ja gar nicht so schlimm sei. (Na, was denn jetzt?!)

Leider erhalten wir auch immer wieder sexistische, rassistische, LGBTQIA+-feindliche oder anders diskriminierende Kommentare. Manchmal werden wir von Accounts belästigt, die unseren Aktivismus verspotten, indem sie selbst ankreiden, die Problematik dabei aber ins Lächerliche ziehen oder, noch schlimmer, für andere Zwecke instrumentalisieren. Seltener werden uns explizite Drohungen geschickt, aber auch das haben wir schon erlebt. Auch ein Dick Pic haben wir schon bekommen – und prompt angezeigt.

Öffentliche Beiträge zu uns oder anderen *Chalk Back* Accounts in Zeitungen, Online-Medien oder Dokumentationen sind für gewöhnlich differenziert. Sie erklären das Problem, nennen

Statistiken und lassen uns kritische Fragen beantworten, zum Beispiel zur Strafbarkeit von Catcalling, zum Unterschied zwischen einem Kompliment und einem Catcall oder dazu, ob es nicht ein Problem ist, wenn Kinder auf der Straße die angekreideten Sprüche und Vorfälle lesen können.

Online-Beiträge zu uns werden oft sehr rege diskutiert. Leider bleiben diese Diskussionen nicht immer respektvoll: Wenn Interviews Klarnamen oder Bilder von uns verwenden, werden wir häufig persönlich angegriffen. Meistens bewegen sich solche Kommentare auf einer sexistischen Ebene und versuchen uns so herabzusetzen – und bestätigen damit ironischerweise nur die Notwendigkeit unseres Aktivismus.

Da ich einen nicht deutschen Namen habe, erfahre ich auch immer wieder rassistische Angriffe. Derartige Kommentare machen sich zum Beispiel über den Begriff »Catcalling« lustig und verlangen, dass ich »erst mal richtig Deutsch lernen soll«, bevor ich zu irgendetwas meine Meinung abgebe. Oder sie fordern, dass ich doch »zurückgehen« soll, wenn mir »deutsche Männer nicht gefallen«. Gleichzeitig aber behaupten viele Kommentare auch, Catcalling würde ja nur von Menschen mit Migrationsgeschichte ausgeübt. (Es ist schon interessant zu sehen, wie manche die Dinge verdrehen, nur damit sie in ihr Weltbild passen!)

Diese unterschiedlichen Reaktionen zeigen, wie kontrovers das Thema Catcalling und die damit zusammenhängenden Probleme in unserer Gesellschaft sind. Bestätigende Reaktionen von Betroffenen aber auch Nichtbetroffenen, ob auf der Straße oder in unseren Kommentaren und DMs, sind immer wieder sehr erfüllend und zeigen uns, dass unser Aktivismus etwas ausrichtet – dass das Problem gesellschaftlich mehr Aufmerksamkeit bekommt und Betroffene sich durch die *Chalk Back* Accounts gesehen und unterstützt fühlen.

Aber auch problematische und sogar beleidigende Kommentare sind auf ihre Art bestätigend: Weil sie zeigen, dass das, was wir machen, wichtig ist und einen Nerv trifft. Gerade verharmlosende Kommentare beweisen, wie wichtig unser Aktivismus ist – weil das Problem gesellschaftlich so akzeptiert ist, dass immer wieder infrage gestellt wird, warum wir uns einer solchen »Nichtigkeit« widmen, »wenn es doch viel größere Probleme gibt«. Natürlich gibt es die – aber nur weil ein Problem angesprochen und sichtbar gemacht wird, heißt das nicht, dass andere Probleme weniger wichtig sind. Außerdem ist Catcalling als Teil der Rape Culture nicht etwa ein kleines, isoliertes Problemchen, sondern ein Symptom eines ganzen gesellschaftlichen Systems, das größtenteils unsichtbar bleibt. Und dagegen zu kämpfen ist durchaus wichtig.

→ Wie die Rape Culture aufgebaut ist, konntest du vielleicht bereits in **Kapitel 5** lesen.

Nicht zuletzt ist das #Ankreiden auch etwas, was wir mit einfachen Mitteln selbst machen können, um uns dem Problem gegenüber nicht hilflos fühlen zu müssen. Wir können aktiv werden und etwas bewegen – wie die gesellschaftliche Aufmerksamkeit, die unser Aktivismus seither erhält, zeigt! Und gleichzeitig haben wir so zusammen mit anderen Accounts und all unseren Follower:innen eine großartige, unterstützende Community und Freundschaften aufbauen können.

Alex von Catcalls of Hagen: Catcalling als Trigger im Alltag

Name Alex von *Catcalls of Hagen*
Pronomen sie/er/dey
Beschreibung Alex ist seit 2021 bei
Catcalls of Hagen tätig, macht außerdem eine
Ausbildung zur Pflegefachkraft und arbeitet
nebenbei in einem Corona-Testzentrum. Auf
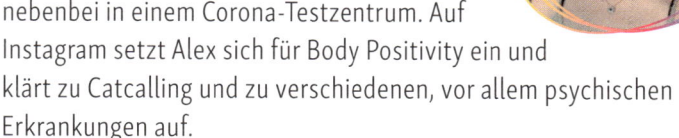
Instagram setzt Alex sich für Body Positivity ein und
klärt zu Catcalling und zu verschiedenen, vor allem psychischen
Erkrankungen auf.

! Triggerwarnung ! Posttraumatische Belastungsstörung,
Selbstverletzung, Essstörungen und Süchte

Zwei bis drei von hundert Menschen leiden in Deutschland an
einer Posttraumatischen Belastungsstörung. Ich bin einer von
ihnen. Eine PTBS ist eine verzögerte psychische Reaktion auf
extrem belastende Ereignisse. Symptome können sein:
- Flashbacks (also ein Wiedererleben des belastenden
  Ereignisses)
- Vermeidung, Verdrängung oder Vergessen des Geschehenen
- Angst und Reizbarkeit
- eine Verflachung der Gefühle

Für mich sind vor allem Flashbacks und Angst- oder Panikatta-
cken sehr belastende Symptome. Entstanden sind diese durch
verschiedene sexuelle Übergriffe. PTBS-Symptome sind nicht
immer gegenwärtig. Sie können durch unterschiedliche Dinge
getriggert, also ausgelöst werden. Das kann zum Beispiel eine
Situation sein, die mich an das eigentlich schon Vergangene er-

innert. Dabei können auch sehr kleine Details schon triggern – es reicht ein bestimmter Geruch, ein Song, ein einziges Wort. Mehr braucht es nicht.

Wie für viele andere Menschen ist sexualisierte Belästigung im öffentlichen Raum für mich eine alltägliche Erfahrung. Für mich ist Catcalling aber mehr als »nur« Belästigung – es stellt in meinem Leben eine ständige Herausforderung dar, die mir an jeder Straßenecke auflauern kann. Denn egal wo oder wann ich einen Catcall erlebe, löst er etwas Starkes in mir aus. Aus Selbstschutz meide ich deshalb Situationen, die ich schwer einschätzen kann oder die mir ein unwohles Bauchgefühl geben. Diese Vorsicht hat mich schon oft beschützt, aber gleichzeitig meinen Alltag stark erschwert.

Ich arbeite schon seit Jahren in der Therapie an meiner PTBS und was sie mit mir macht. Aber zu oft musste ich Therapeuten wechseln und unzählige Male wurden neue Therapieformen ausprobiert, die jedoch nicht anschlugen. Auch meine Medikation wurde ständig erhöht und verändert. All dieser Aufwand für Fortschritte, die immer wieder aufs Neue zerstört werden: durch Catcalls, die mich sofort wieder zurückwerfen!

Catcalls sind nicht einfach »nur Worte«. Catcalls sind Worte, die Schaden anrichten können. Es sind Worte, die alte Wunden aufreißen können. Catcalls sind außerdem Worte, denen du nicht entgehen kannst, wenn du dich nicht zu Hause davor verstecken möchtest. Sobald du vor die Tür trittst, kannst du sie erwarten. Und obwohl Catcalls allgegenwärtig sind, treffen sie dich immer wieder unerwartet und plötzlich.

Es ist ein schreckliches Gefühl, wenn man fast täglich daran zurückerinnert wird, was einem in der Vergangenheit passiert ist. Auch wenn andere es einem nicht ansehen können, ist der Schmerz da. Ein Schmerz, den man weder auf einer Skala von 1 bis 10 bewerten oder den man mit Aspirin oder Ibuprofen wegspülen könnte. PTBS ist ein Kampf, den es jede Minute und jeden Tag auszufechten und auszuhalten gilt, in der Hoffnung, dass es irgendwann endlich besser wird.

Aber so ein andauernder Kampf ist nicht leicht – und verläuft auch nicht geradlinig.

Ich sehnte mich immer wieder nach Kontrolle – Kontrolle über den Schmerz und die Erinnerungen, eine Möglichkeit, sie vergessen zu machen. Diese Kontrolle suchte ich im Hungern, im Selbstverletzen und in Drogen. Ich schlief den ganzen Tag oder ich schlief gar nicht. Nach und nach brach ich alle sozialen Kontakte ab. Ich zog mich immer mehr zurück und lebte in einer kleinen Blase, die von nichts als Schwärze umgeben war.

Schließlich hatte ich alles verloren, was ich liebte und was mich einst ausmachte. An diesem Punkt wollte ich aufgeben. Ich wollte, dass diese Schmerzen endlich aufhörten. Ich gab mir selbst die Schuld für das, was passiert ist. Ich fragte mich, ob ich etwas anders hätte machen können, ob ich es irgendwie hätte verhindern können.

Auch jetzt gebe ich mir noch zu oft die Schuld für Vergangenes. Aber: Ich lerne damit zu leben. Ich suche nicht mehr nach Kontrolle in Dingen, die mir nicht guttun. Ich bin clean, lebe mit meiner Freundin in einer eigenen Wohnung und gestalte mein Leben so, wie ich es will. Ich lasse mir nicht mehr sagen, was ich zu tun oder zu lassen habe. Das habe ich zu lange mitgemacht.

Ich trage zwar noch immer Narben in mir, die vermutlich nie vollkommen heilen werden. Aber das ist okay und genau das musste ich erst verstehen. »Es ist okay, nicht okay zu sein!« – das sage ich mir immer dann, wenn ich wieder in einem Tief bin.

Ich gebe mir nicht mehr die Schuld für das, was mir passiert ist, denn dafür kann ich nichts. Dafür kann niemand was. Und wenn ich jetzt einen Catcall erlebe, gebe ich mir nicht mehr die Schuld dafür. Ja, es ist belastend und schmerzt noch immer, aber ich trage nicht die Schuld daran. Egal, was ich anhabe oder was ich mache, es ist nicht meine Schuld. Ich gebe damit niemanden die Erlaubnis, so mit mir umzugehen.

Es gibt für mich noch vieles zu lernen, und das wird nicht einfach sein. Aber ich werde das schaffen. Wir werden das schaffen. Denn dies ist nicht nur meine Geschichte. Es ist auch meine Nachricht an dich, niemals aufzugeben. Auch du hast die Kraft in dir, weiterzukämpfen. Und wir halten alle zusammen.

Linnea von Catcalls of Karlsruhe: Für mehr Sicherheit und Sichtbarkeit von Menschen mit Behinderung

Name Linnea Gehlert
Pronomen sie/ihr
Beschreibung Linnea studiert Germanistik und ist seit 2020 Mitglied von *Catcalls of Karlsruhe*. Darüber hinaus engagiert sie sich unter anderem in genderpädagogischen Freizeiten und schreibt Texte für Bühnen und das Internet.

Wenn ich nach Hause komme, ist das Erste, was ich tue: atmen. Ich drücke die Tür hinter mir zu, auch wenn ich weiß, dass sie von selbst zufallen wird. Ich schalte das Licht an und hole tief Luft. Manchmal kommt es mir so vor, als würde ich draußen, im »öffentlichen Raum«, ständig das Atmen vergessen. Das merke ich dann zu Hause.

Menschen, besonders FLINTA*-Personen, brauchen Safe(r) Spaces, sichere Räume, um Luft zu holen, sich sicher zu fühlen. Der öffentliche Raum ist für uns kein Safe Space. Wir erfahren dort Catcalling und körperliche Übergriffe. Für Menschen mit

Behinderung, behinderte Menschen und Menschen mit chronischen Krankheiten gilt das ebenfalls.

Die Begriffe »behinderte Person« und »Person mit Behinderung« haben unterschiedliche Bedeutungen, die jeweils etwas anderes hervorheben.
Der Begriff »behinderte Person« beschreibt die Behinderung als einen Aspekt der Persönlichkeit, die untrennbar mit dem Menschen verbunden ist. Hier geht es also um die Behinderung als Teil der eigenen Identität. Deshalb handelt es sich bei dem Begriff »behinderte Person« um die sogenannte Identity-first-Sprache.
Der Begriff »Mensch mit Behinderung« hingegen trennt den Menschen von der Behinderung. So soll Labeling, also eine Reduzierung des Menschen auf die Behinderung, verhindert werden. Hierbei handelt es sich um die sogenannte Person-first-Sprache.
Dabei ist keine dieser Versionen generell richtig oder falsch. Unterschiedliche Menschen bevorzugen unterschiedliche Begriffe. Nur durch Nachfragen kannst du herausfinden, welche Version eine Person für sich selbst nutzt.
Dieser Beitrag verwendet beide Versionen, um die unterschiedlichen Ansätze – Identity first und Person first – zu repräsentieren.

Behinderungen können sehr vielfältig sein. Sie können verschiedene Lebensbereiche beeinflussen und so auch verschiedene Auswirkungen haben. Ein Mensch, der einen Rollstuhl nutzt, macht andere Erfahrungen als jemand, der eine Lernbehinderung hat. Deswegen kann hier auch gar nicht eine allgemeine Erfahrung von Menschen mit Behinderung erklärt werden. Was ich stattdessen machen möchte, ist, meine Erfahrung als Frau mit einer angeborenen (Geh)behinderung zu beschreiben und ein Bewusstsein dafür zu schaffen, was Sicherheit in öffentlichen Bereichen für FLINTA*-Personen mit Behinderung bedeutet.

Der öffentliche Raum ist kein Ort, der für uns gestaltet ist. Das geht weit darüber hinaus, dass viele Gehwege nicht rollstuhlgerecht gestaltet oder dass nicht alle Gebäudeeingänge ebenerdig oder mit Rampen ausgestattet sind. Beispielsweise sind Behinderungen selten in den Fluchtplänen in öffentlichen Einrichtungen wie Rathäusern oder Schulen mitgedacht. Das ist ein Grund, warum behinderte Menschen auch häufiger von Naturkatastrophen betroffen sind. Auch öffentliche Verkehrsmittel wie Züge und Straßenbahnen sind häufig für Menschen mit Behinderung schwer nutzbar. Das führt dazu, dass Menschen mit Behinderungen sich im öffentlichen Raum nicht frei bewegen können.

Und nicht zuletzt fehlt es an Rücksicht, Aufklärung und Sensibilität: Behinderte Menschen werden im öffentlichen Bewusstsein oft dadurch unsichtbar gemacht, dass das öffentliche Leben für sie nicht oder nur schwer zugänglich ist. Häufig wird Behinderung als eine Randerscheinung dargestellt, als etwas, wovon nur wenige Menschen betroffen sind. Dabei lebten im Jahr 2017 über 13 Millionen Menschen in Deutschland mit einer Behinderung oder einer chronischen Krankheit. Das sind über 15% der Deutschen, denen der Zugang zum öffentlichen Leben erschwert wird! Denn es sind vor allem die äußeren Gegebenheiten, die uns einschränken und behindern – und uns so auch Sicherheit verwehren.

Sicherheit, gerade im öffentlichen Raum, hat immer mit Zugänglichkeit zu tun. Für FLINTA*-Personen kann das bedeuten, dass abgelegene Orte sich weniger sicher anfühlen – und auch weniger sicher sind –, weil sich dort weniger Menschen aufhalten. Das macht Orte wie zum Beispiel schmale, dunkle

Gassen oder Unterführungen weniger zugänglich! Für FLINTA*-Personen mit Behinderung gibt es aber noch einen weiteren Grund, weshalb solche Orte für sie weniger zugänglich sind: Enge Gassen und Unterführungen können für Menschen, die einen Rollstuhl oder eine Gehhilfe nutzen, schlecht oder gar nicht passierbar sein. Und schlechte Lichtverhältnisse können Menschen mit Sehbehinderungen beeinträchtigen.

Für FLINTA*-Personen mit Behinderung oder chronischen Krankheiten ist der öffentliche Raum also ein doppelt unsicherer Ort. Frauen mit Behinderung machen zudem die Gruppe aus, die am häufigsten sexuelle Übergriffe erfährt. Wir begegnen also auf mehreren Ebenen Diskriminierung und Ausgrenzung. Das macht uns zu einer mehrfach marginalisierten Gruppe. Behindertenfeindlichkeit und Sexismus sind dabei für FLINTA*-Personen mit Behinderung untrennbar verbunden. Denn: Ich bin nicht entweder behindert oder eine Frau, ich bin eine behinderte Frau.

Aber nicht immer werde ich gesellschaftlich auch so wahrgenommen – und behandelt. Behinderungen und chronische Krankheiten können unsichtbar sein, manchmal generell und manchmal tagesabhängig. Menschen mit Behinderungen können able-passing sein. Dieser Begriff bedeutet, dass Menschen mit unsichtbaren Behinderungen gesellschaftlich oft als Menschen ohne Behinderung »durchgehen«, da andere ihnen die Behinderung nicht sofort oder überhaupt nicht ansehen können. Das bedeutet, dass für Außenstehende nicht immer ersichtlich ist, ob – und wie – jemand Rücksicht oder Unterstützung brauchen könnte.

Gehörlosigkeit zum Beispiel ist für andere Menschen nicht sofort erkennbar – und doch einschränkend. Ebenso ist auch die Fatigue, die viele chronische Erkrankungen begleitet, für Außenstehende unsichtbar – und oft auch unvorstellbar. Aber sie kann Betroffene sehr stark und sehr plötzlich beeinträchtigen. Und auch Angststörungen oder andere psychische Erkrankungen, die ja ebenfalls unsichtbar sind, können Betroffene im öffentlichen Raum einschränken.

Auch viele Teile meiner Behinderung sind für die Menschen in meinem Umfeld nicht direkt sichtbar. Das macht mich als Mensch mit einer meist unsichtbaren Behinderung in gewisser Weise privilegiert. Denn es gibt bestimmte Diskriminierungsformen, die wir weniger erfahren als Menschen mit sichtbaren Behinderungen. Aber es gibt andere Formen von Diskriminierung und bestimmte Probleme, die wir deshalb erleben, weil unsere Behinderungen nicht unmittelbar sichtbar sind. Zum Beispiel trifft Mobbing am häufigsten Menschen, die leichte bis mittelschwere Behinderungen haben. Und auch behindertenfeindliche Belästigung erleben wir im öffentlichen Raum alltäglich.

Eine andere Sache, mit der ich als Person mit einer für gewöhnlich unsichtbaren Behinderung oft hadere, ist das Gefühl, mich erklären zu müssen. In meinem Alltag verspüre ich häufig das Bedürfnis, mich für meine Fähigkeiten und Einschränkungen zu rechtfertigen – beim Sport, bei der Arbeit oder auf dem Nachhauseweg in einer Gruppe. Immer dann, wenn ich nicht dem entsprechen kann, was eine TAP leisten könnte, habe ich dieses Bedürfnis.

Der Begriff »TAP« steht für »Temporarily Able-bodied Person«. Diese Bezeichnung wird für Menschen verwendet, die nicht-behindert sind. Diese Formulierung soll ein Bewusstsein dafür schaffen, dass die meisten Behinderungen erst im Laufe des Lebens einer Person auftreten – also dass wir alle irgendwann einmal eine Behinderung oder Einschränkungen durch eine chronische Krankheit haben könnten.

Auch beim Verfassen dieses Beitrags möchte ich mich rechtfertigen und frage mich, ob ich tatsächlich die richtige Person bin, um über sichtbare und unsichtbare Behinderungen im öffentlichen Raum zu schreiben. Ich habe das Bedürfnis, mich dafür zu rechtfertigen, dass ich als Mensch mit einer meist unsichtbaren Behinderung diesen Raum einnehme. Aber: Auch wenn ich in gewisser Weise privilegiert bin, bedeutet das nicht, dass ich nicht auch Diskriminierung erfahre. Es bedeutet nicht, dass öffentliche Bereiche für mich genauso sicher sind wie für eine TAP. Denn unsichtbare Behinderungen sind ebenfalls Behinderungen.

Der öffentliche Raum als doppelt unsicherer Ort für FLINTA*-Personen mit Behinderung bedeutet: Wenn wir gegen Catcalling vorgehen und mehr Sicherheit schaffen möchten, müssen wir intersektional vorgehen und vielseitig Rücksicht nehmen. Wir müssen einander unterstützen und aufeinander eingehen. Gemeinsam können wir ein Bewusstsein und mehr Sichtbarkeit für die verschiedensten Bedürfnisse schaffen. Gemeinsam können wir so dafür sorgen, dass öffentliche Bereiche sicherer und zugänglicher werden.

Maresa von Catcalls of Cologne: Wie ich mich gegen Hass im Netz wehre

Name Maresa von *Catcalls of Cologne*
Pronomen sie/ihr
Beschreibung Maresa ist 28 Jahre alt, kommt aus Köln und hat hier im Mai 2020 den Account *Catcalls of Cologne* gegründet. Im Rahmen ihres internationalen Masterstudiums »Film und audiovisuelle Medien« hat sie sich mit der Darstellung von Geschlecht, Sexualität, Herkunft und LGBTQIA+

beschäftigt. In ihrer Arbeit im Bereich des intersektionalen Feminismus wird sie angetrieben durch Erfahrungen, die sie in Mexiko und Brasilien machen konnte. Dort hat sie auf Demonstrationen, in Interviews und persönlichen Gesprächen viel über intersektional-feministische Themen wie Abtreibungsrecht und die institutionelle Toleranz von Feminiziden lernen können. Diese Themen beschäftigen Maresa auch in ihrer aktivistischen Arbeit für *Chalk Back*.

! Triggerwarnung ! Body Shaming, Essstörungen

Durch unseren Aktivismus auf der Straße und online erfahren wir hin und wieder Anfeindungen. Es kommt vor, dass wir beim #Ankreiden belästigt oder unsere frische Kreidekunst weggewaschen wird. Online-Kommentare, die Catcalling verharmlosen oder Betroffenen ihre Erfahrung absprechen, sind beinahe an der Tagesordnung. Auch Kommentare, die gegen bestimmte Personengruppen hetzen, sind nicht selten. Manchmal werden wir auch in Kommentaren oder DMs auf Instagram beleidigt. Und wenn wir als *Chalk-Back*-Aktivist:innen Interviews geben und unsere Identität erkennbar ist, erfahren wir auch persönliche Anfeindungen.

Hass im Netz ist allgegenwärtig. Das hat mehrere Gründe. Online ist die Hemmschwelle niedriger: Ein Kommentar oder eine Nachricht ist schnell getippt. Und da man die Gegenseite nicht direkt vor Augen hat, fällt die Wortwahl auch nicht immer respektvoll aus. Menschen, die andere im Internet beleidigen und bloßstellen, müssen ja nicht mit einer direkten Gegenreaktion rechnen. Dazu kommt: Online-Beiträge können sich innerhalb weniger Sekunden wie ein Lauffeuer verbreiten, ohne dass die ursprüngliche Quelle ersichtlich ist. Aus diesem und anderen Gründen ist die Strafverfolgung im Internet schwierig – das wissen viele und fürchten daher auch keine rechtlichen Konsequenzen. Leider sind Beleidigungen online zudem nicht immer endgültig löschbar.

Betroffene von Online Hate haben daher oft das Gefühl, dass sie sowieso nichts ausrichten können. Sie sind überfordert und wissen nicht, wie sie mit der Situation umgehen sollen. So ging es auch mir, als ich zufällig über einen Blogbeitrag zu *Catcalls of Cologne* stolperte. Es kommt immer mal wieder vor, dass Artikel zu *Chalk Back* Accounts erscheinen, ohne dass wir davon wissen. Für gewöhnlich beschreiben diese Artikel unseren Aktivismus und erklären das Thema Catcalling. Bei diesem Beitrag ging es aber vor allem um eines: mich und meinen Körper.

Nicht nur online, aber vor allem dort, erleben weiblich gelesene Personen, dass Kritik an den Themen, für die sie sich einsetzen und für die sie stehen, nicht inhaltlich geäußert wird, sondern dass stattdessen ihr Aussehen kommentiert wird. Das gilt nicht nur für Aktivist:innen, sondern zum Beispiel auch für Journalist:innen oder Politiker:innen – eben Personen mit starken Meinungen und lauten Stimmen.

Derartige Kommentare, die auf das Äußere einer Person bezogen sind, wirken zwar nicht, als stecke dahinter irgendeine durchdachte Strategie. Aber sie verfolgen dennoch ein Ziel: Sie wollen die betroffene Person zum Schweigen bringen, indem sie sie herabwürdigen und verletzen. Und um das zu erreichen, muss manchmal gar nicht inhaltlich argumentiert werden – es wird einfach nur beleidigt.

Das Aussehen wird hier stellvertretend für die Handlungen und Meinungen einer meist weiblich gelesenen Person attackiert. Inhaltliche Themen werden ihr noch nicht einmal zugestanden und finden keinerlei Beachtung. Das bedeutet, dass weiblich gelesene Personen auch dann objektifiziert und auf ihren Körper reduziert werden, wenn es eigentlich um etwas ganz anderes geht. Beleidigungen, die auf das Äußere einer Person abzielen, sind also auch immer ein Ablenkungsmanöver vom eigentlichen Thema – nämlich dann, wenn sich jemand gar nicht damit auseinandersetzen will und entsprechend keine wohlüberlegten Argumente hat. Klar sind derartige Angriffe inhaltlich schwach und zeigen, dass die Person, von der sie ausgehen, keine fundierte Kritik zu bieten hat. Diese Erkenntnis hilft aber nur bedingt, wenn man selbst Ziel solcher Attacken ist. Egal, ob dabei tatsächlich ein wunder Punkt getroffen wird oder nicht – und der eigene Körper ist für viele eine empfindliche Angriffsfläche! Öffentliche Beiträge voller Beleidigungen zur eigenen Person steckt niemand einfach so weg. Auch wenn ich mit meinem Körper meistens zufrieden bin, war es für mich kein schönes Erlebnis, mich als »blondes Schwabbeltier« beschrieben zu sehen – auf einer öffentlichen Plattform, mit Bildern von mir, für jede:n zugänglich und leicht zu finden, wenn man *Catcalls of Cologne* oder meinen Namen bei Google eingibt.

Auch, wenn es in diesem Fall nicht um mich ginge: Body Shaming und Kritik am Aussehen einer anderen Person sind in keinem Fall angebracht oder irgendwie entschuldbar. Und beleidigende Kommentare zum Gewicht einer Person können sehr gefährlich sein. Das ungesunde Körperbild, das solche Beiträge vermitteln, kann für Betroffene von Essstörungen triggernd sein und gerade bei jungen Menschen zu einem problematischen Blick auf den eigenen Körper führen.

In unserer Gesellschaft erfahren vor allem weiblich gelesene Personen ab der Pubertät – oder sogar noch früher –, dass ihr Aussehen an einem unerreichbaren Schönheitsideal gemessen wird. Danach wird nicht nur ihr Äußeres bewertet, sondern auch sie selbst als Person. Einen höheren gesellschaftlichen Wert hat, wer diesem Ideal entspricht – oder zumindest ausreichend danach strebt. Gestützt wird dieses objektifizierende, herabwürdigende System unter anderem von öffentlichem Body Shaming wie auf diesem Blog.

Was mich aber noch mehr schockierte als der Blogbeitrag zu mir selbst war die Masse an vielen weiteren Artikel zu anderen Personen, die – so wie ich – sexistisch oder aber auch auf rassistischer Ebene beleidigt wurden. Diese erschreckende Sammlung an herabwürdigenden Blogposts zeigte: Die Beleidigung meiner Person war kein Einzelfall. Der Urheber hatte nicht einfach ein Problem mit meinem Aktivismus, dem Thema Catcalling oder mir als Person (nicht, dass das den Artikel irgendwie entschuldigen würde). Auf diesem Blog sammelten sich beleidigende Beiträge zu Personen, die offenbar nicht in das sexistische, rassistische Weltbild des Verfassers passten. Was hier zum Vorschein kam, war die systematische Beleidigung von anderen Personen – vermutlich mit dem Ziel, sich selbst groß und wichtig zu fühlen und die Betroffenen herabzusetzen.

Durch meine intersektional-feministische Arbeit mit *Catcalls of Cologne* weiß ich, dass weiblich gelesene Schwarze Menschen, People of Colour und Menschen mit Migrationsgeschichte oft nicht nur auf einer Ebene Diskriminierung erfahren, sondern dass Sexismus und Rassismus für sie oft zusammentreffen. Gerade mehrfach marginalisierte Gruppen sind also häufig die Zielscheibe von virtuellen Hass-Angriffen – für gewöhnlich ohne reale Konsequenzen.

Aber warum? Warum sollten Worte, die online anonym geäußert werden, gesellschaftlich weniger ernst genommen und strafrechtlich weniger verfolgt werden als andere Äußerungen? Hinter anonymen Hass-Kommentaren stecken Menschen mit Meinungen, die online nicht weniger problematisch und gefährlich sind als offline! Warum sollten diese Personen online einfach gewähren dürfen, nur weil sie sich hinter Fake Accounts oder Profilen ohne Klarnamen verstecken können?

Derart menschenfeindliche Äußerungen sind im Netz nicht weniger gefährlich als anderswo – im Gegenteil! Im Internet können sie ungehindert veröffentlicht und weiterverbreitet werden und Hass schüren. Dabei geht es auch gar nicht um Meinungsfreiheit, die ja immer wieder als vermeintliches Argument für problematische Aussagen zitiert wird. Denn: Sexistisches, rassistisches oder anders diskriminierendes Gedankengut hat absolut nichts mit Meinungsfreiheit zu tun. Dabei handelt es sich um Hassrede und Hetze, der dringend Einhalt geboten werden muss!

Ich musste also etwas tun. Hier ging es nicht nur um einen Artikel zu mir als Einzelperson, sondern eine Seite voller problematischer, sexistischer und rassistischer Inhalte. Weil dieser Blog eine Diskriminierung gegenüber bestimmten Personengruppen erkennen ließ, war es mir wichtig, etwas dagegen zu unternehmen. Ich wollte nicht, dass derart menschenfeindliche, verachtende Beiträge einfach bestehen blieben. So viele Menschen sind von diesen virtuellen Anfeindungen betroffen und wissen womöglich nicht einmal, dass sich im Internet solch herabwürdigende Aussagen zu ihnen finden.

Ich fasste also den Entschluss, einen Strafantrag zu stellen, und wandte mich an die Polizei. Aber die hasserfüllten Blogbeiträge bereiteten mir Sorge. Was, wenn der Urheber so viel Verabscheuung gegenüber den Menschen empfand, die er online ja schon aufs Schlimmste beleidigte, dass er es nicht »nur« bei Worten belassen würde? Was, wenn er auf ein Strafverfahren mit Wut und Gewalt reagieren würde? Würde ich geschützt werden, damit es nicht zu weiteren Straftaten kommen würde? Denn schließlich ließ der Artikel zu mir auf viel Hass und Verachtung mir gegenüber schließen – und aus dem Blog allgemein war eine Verbindung zur Incel-Szene herauszulesen.

Der Begriff »Incel« steht für »involuntary celibate«, auf Deutsch »unfreiwillig sexuell enthaltsam«. Unter dieser Bezeichnung hat sich eine Online Community von heterosexuellen Männern gebildet, die sich von Frauen zurückgewiesen fühlen. Sie glauben, dass sie ein Anrecht auf Sex haben, und unterstützen deshalb Gewalt gegenüber Frauen sowie sexuell aktiven Männern. Diese Szene ist geprägt von Frauenhass, Gewaltfantasien und Selbstmitleid.

Diese Sorgen äußerte ich gegenüber der Polizei. Es war mir wichtig, dass meine persönlichen Daten, vor allem natürlich meine Adresse, nicht herausgegeben würden. Aber genau das konnte man mir nicht versprechen: Käme der Fall vor Gericht, gäbe es eine Akteneinsicht, durch die der Angeklagte meine Adresse erfahren könnte. Damit fühlte ich mich nicht wohl. Auf mich wirkte der Blog so verstörend und bedrohlich, dass ich dem Verfasser auch schwerwiegendere Übergriffe zutraute. Aber leider konnten mir diese Bedenken nicht genommen werden – vonseiten der Polizei wurde mir nicht das Gefühl gegeben, dass ich im Laufe des Prozesses geschützt werden würde.

Wie kann es sein, dass der Schutz von Personen, die bereits extreme Anfeindung erlebt haben, nicht selbstverständlich ist? Warum wird Online-Hass, der für Betroffene eine sehr bedrohliche Erfahrung darstellt, nicht auch als Drohung wahrgenommen und behandelt? Wozu müssen in einem Strafprozess persönliche Daten, die die betroffene Person verletzlich machen, offen dargelegt werden? Ist es ein Wunder, dass wenig Strafanträge zu Online-Straftaten gestellt werden – wenn nicht nur die eigentliche Tat, sondern auch der Strafprozess selbst potenziell bedrohlich sind? Ich finde, das muss besser gelöst werden – und Polizeibeamt:innen sollten dafür sensibilisiert werden, die Sorgen von Betroffenen ernst zu nehmen.

Ich entschied mich also gegen einen Strafantrag und ging mit einem schlechten Gefühl nach Hause. Aber es hat mich nicht losgelassen – ich konnte nicht aufhören zu überlegen, ob ich nicht irgendetwas anderes unternehmen könnte. Schließlich bin ich nicht die einzige Person mit diesem Problem! Es musste doch einen Weg geben, mich zu wehren und für irgendeine Form von Gerechtigkeit zu kämpfen. Ich hatte schon mal von HateAid gehört, also dachte ich, vielleicht kann man mir dort helfen.

HateAid ist eine gemeinnützige Organisation, die Betroffenen von Hass im Netz Beratung und Unterstützung anbietet. Sie setzt sich dafür ein, dass Online-Hass als eine Form von verbaler Gewalt ernst genommen und strafrechtlich verfolgt wird.

Nachdem ich HateAid eine E-Mail geschickt hatte, kam sehr schnell eine Antwort zurück. Auch bei dem folgenden Telefonat fühlte ich mich gesehen, ernst genommen und sicher. Mir wurde sofort gesagt, dass ich in meinem Strafantrag stellvertretend die Adresse der Organisation angeben könne und dass das gar kein Problem sei. Hier wurden meine Bedenken gehört, aufgenommen und es wurde direkt eine Lösung dafür gefunden. Über HateAid stellte ich dann einen Strafantrag, unter anderem wegen Verleumdung, und bekam über die Organisation auch eine Anwaltskanzlei zur Verfügung gestellt, die alles für mich aufsetzte und mir per E-Mail zukommen ließ. Genau so sollte es laufen – genau diese Unterstützung sollten Betroffene bekommen!

Eine Verleumdung ist die Behauptung oder Verbreitung einer unwahren Tatsache über eine andere Person, die geeignet ist, diese in der öffentlichen Meinung herabzuwürdigen oder verächtlich zu machen. Dabei handelt es sich um eine Straftat, die nach Strafgesetzbuch mit einer Freiheitsstrafe von bis zu zwei Jahren oder mit Geldstrafe geahndet wird. Wenn die Verleumdung auf einer Versammlung, öffentlich oder beispielsweise im Internet getätigt wird, kann sie sogar bis zu fünf Jahre Freiheitsstrafe oder Geldstrafe zur Folge haben.

Da der Fall noch nicht abgeschlossen ist, kann ich an dieser Stelle noch nicht verkünden, welche Konsequenzen sich daraus für den Urheber des Blogbeitrags ergeben haben. Aber es war für mich der richtige Schritt, etwas zu unternehmen, um mich nicht hilflos fühlen zu müssen und nicht einfach tatenlos hinzunehmen, dass jemand herabwürdigende Aussagen zu mir veröffentlicht. Niedergeschrieben zu sehen, was dem Betreiber dieses Blogs vorgeworfen wird, hat mir schon ein sehr befreiendes Gefühl gegeben, auch wenn der eigentliche Prozess und das Urteil noch ausstehen.

Natürlich hat jede:r unterschiedliche Bedürfnisse. Mir hat es geholfen, mich aktiv zur Wehr zu setzen. Aber ich kann gut verstehen, wenn andere Betroffene diesen Weg nicht gehen möchten. Vielleicht will man solchen Menschen keine Beachtung schenken. Vielleicht will man keine Zeit und Energie auf eine Strafverfolgung verwenden. Vielleicht hat man auch nicht die Kraft dafür, weil man mit dem eigenen Leben andere Dinge verfolgt. Das ist alles absolut in Ordnung und verständlich.

Solltest du dich aber einmal in dieser Situation finden, weißt du jetzt, welche Möglichkeiten du hast. Du weißt, an wen du dich wenden kannst. Du weißt, dass du mit einem solchen Problem, so groß und unübersichtlich es auch wirkt, nicht allein bist! Und mit diesen Informationen kannst du selbst entscheiden, ob und wie du handeln möchtest.

Ich hoffe natürlich sehr, dass mein Strafantrag zu Konsequenzen für den Verfasser des Blogposts führen wird. Menschen, die sich anderen gegenüber so herabwürdigend äußern, sollten nicht ungestraft davonkommen. Denn auch Worte können Gewalt ausüben und Betroffene psychisch schwer belasten. Und auch Personen, die nicht persönlich direkt betroffen sind, können durch Online-Hass verletzt werden – nämlich dann, wenn damit gegen bestimmte Personengruppen gehetzt wird und sich dieser Hass im Netz immer weiter verbreitet.

Aber was auch immer nun dabei herauskommt: Ich bin nicht tatenlos geblieben – ich habe mich verteidigt und dabei Unterstützung bekommen. Und so zeige ich ganz deutlich: Niemand sollte solche Verleumdungen ohne jegliche Konsequenzen in Umlauf bringen dürfen. Niemand sollte gegen bestimmte Gruppen hetzen und Hass verbreiten dürfen. Und niemand sollte die vermeintliche Anonymität online ausnutzen dürfen, um sich stark und überlegen zu fühlen und andere Menschen herabzuwürdigen und stummzuschalten.

Franzi von Catcalls of Bonn: Wie Copy Cats aus der rechten Szene das #Ankreiden instrumentalisieren wollten

Name Franziska Peil

Pronomen sie/ihr

Beschreibung Franzi ist 31 Jahre alt und hat in Mainz Kunstgeschichte studiert. Nach dem Studium ist sie zurück in ihre Heimatstadt Bonn gezogen, wo sie den Account *Catcalls of Bonn* gegründet hat. Als Stellvertretende Vorstandsvorsitzende von *Chalk Back Deutschland* unterstützt Franzi die Bewegung auf nationaler Ebene. Beruflich ist sie als Redakteurin bei der Berliner Produktionsfirma Bildergarten Entertainment tätig und kümmert sich dort um den Inhalt von Sendungen, wie zum Beispiel »The Voice of Germany«.

»So was passiert erst seit der Flüchtlingswelle!«, »Warum kreidet ihr nicht direkt auf Arabisch, dann verstehen es wenigstens auch die Täter!«, »Warum schreibt ihr nicht gleich die Namen der Täter? Ist wahrscheinlich ein Ali oder Mohammed«, »Ihr links-grün versifften Feminist:innen biedert euch bei den Ausländern an!«

Diese und andere Worte sind nicht neu. Auch auf Instagram bekommen wir oft derartige Kommentare, die Catcalling nicht als gesamtgesellschaftliches Problem sehen, sondern bestimmte Personengruppen dafür verantwortlich machen wollen.

Das Abwälzen von gesellschaftlichen Problemen auf Personen, die neu im Land sind oder einer anderen Kultur oder Religion angehören, zieht sich durch die Geschichte Deutschlands – und offensichtlich lernen manche Menschen nicht aus unserer furchtbaren Vergangenheit. Allerspätestens seit der Silvesternacht 2015 in Köln werden diese Stimmen immer lauter. Dieser Vorfall wird häufig als Argument genannt, um zu behaupten, sexualisierte Gewalt ginge nur von Menschen mit Migrationsgeschichte aus. Dabei wird völlig außer Acht gelassen, dass Catcalling kein neues Phänomen ist und auf sexistischen Strukturen beruht, die tief in unserer Gesellschaft verankert sind.

Im Internet sind es oft einzelne Personen, die als Fake Accounts mit falschen Namen Hass gegen Menschen mit Migrationsgeschichte schüren. Man könnte meinen, dass ein paar Schreihälse online ja nicht so schlimm seien. Aber dieses Phänomen ist sehr viel gefährlicher als vereinzelte problematische Kommentare auf Instagram oder anderen Netzwerken.

Politisch rechte Gruppen instrumentalisieren Vorfälle von sexualisierter Belästigung, indem sie in den sozialen Medien, der Presse, dem Bundestag und auf Demonstrationen laut verkünden, wen und was sie für die Schuldigen halten. Eine solche Vereinigung gibt es auch in Bonn in Form einer Frauengruppe, die 2019 aus einer rechtsnationalen Gruppierung entstand.

Selbstbezeichnend steht diese Frauengruppe »für wahre Frauenrechte«, statt »Trittbrettfahrer des Feminismus« zu sein. Für die Mitglieder dieser Vereinigung sind Phänomene wie Catcalling Nebensache. Sie behaupten, dass ein gesellschaftlicher Austausch dazu von den »wahren« Problemen ablenkt. Diese sind ihrer Meinung nach eine vermeintliche Zunahme von Sexualdelikten und ein sinkendes Sicherheitsgefühl im öffentlichen Raum. Beides steht für sie im Zusammenhang mit einer angeblich unkontrollierten Einwanderung, die zu einer zunehmenden Frauenfeindlichkeit führe.

Seit Mai 2020 betreibt die Anführerin dieser rechten Frauengruppe einen YouTube-Kanal, auf dem sie gegen linke Gruppen, Feminist:innen und vor allem aber Muslim:innen und Menschen mit Migrationsgeschichte hetzt. Die Mitglieder dieser Vereinigung haben auch bereits einige Propagandaaktionen in Bonn durchgeführt, bisher aber mit wenig Erfolg. Durch eine Aktion im April 2021 bekam diese Vereinigung allerdings etwas mehr Aufmerksamkeit – indem sie das #Ankreiden und den Account *Catcalls of Bonn* nachahmte und für ihre rassistischen und islamophoben Zwecke missbrauchte.

Am Rheinufer in Bonn kreideten Mitglieder der Gruppe Sätze an, die angeblich »Frauen in Gewaltsituationen« zu hören bekommen hätten. Dabei verwendeten sie nicht nur den Hashtag #catcallsofbonn und unzensierte, beleidigende Wörter, sondern schrieben auch die vermeintlichen Klarnamen der angeblichen Täter auf den Boden. Allein schon dadurch, dass bei einem Catcall selten Klarnamen genannt werden – denn wer schreit schon: »Geiler Arsch! Ich heiße übrigens Michael Meier«? –, wirkten diese Ankreidungen eher unglaubwürdig. Auch die Tatsache, dass ausschließlich Namen angekreidet wurden, die nicht typisch deutsch sind, ließ ganz deutlich erkennen, welche Ziele die Gruppe damit verfolgte.

Für alle, die die *Chalk-Back*-Bewegung kennen, war durch die Nennung der angeblichen Täter sofort ersichtlich, dass hier jemand anderes am Werk war. Denn damit verstießen diese Ankreidungen gegen den Grundsatz der Anonymität, den alle *Chalk Back* Accounts befolgen. Wir kreiden weder die Namen der Betroffenen noch der Täter:innen an und halten auch unsere Beiträge auf Instagram komplett anonym. Sollte in einer Einsendung doch ein Name genannt werden oder etwas, wodurch Rückschlüsse auf beteiligte Personen gezogen werden können, zensieren wir diese Informationen. Denn mit unserem Aktivismus möchten wir den Ort für die Betroffenen zurückerobern und auf Catcalling sowie die zugrunde liegenden sexistischen Strukturen aufmerksam machen – und nicht gegen Einzelpersonen oder bestimmte Personengruppen hetzen. Im Übrigen lassen die Tausenden an Einsendungen, die wir erhalten, auch gar keinen »typischen Täter« erkennen.

Da offensichtlich war, dass diese Ankreidungen nicht von *Catcalls of Bonn* stammten, bekamen wir eine Nachricht von einer Followerin, die uns auf die Kreide am Rheinufer hinwies. Wir waren entsetzt und angeekelt und sind natürlich sofort zur Tat geschritten. Keine zwei Stunden später hatten wir die Hass schürenden Worte der rechten Frauengruppe weggewaschen. Allerdings hatte sie zwischenzeitlich auf ihrem Instagram Account einen Post mit den Ankreidungen veröffentlicht. Aber gemeinsam mit Tausenden unserer Follower:innen und anderen *Chalk Back* Accounts meldeten wir die in dem Post enthaltene rassistische und islamophobe Hassrede – und kurze Zeit später war er verschwunden.

Um absolut klarzustellen, dass *Catcalls of Bonn* nicht für die Ankreidungen am Rheinufer verantwortlich war, haben wir noch am gleichen Tag ein Statement dazu auf unserem Instagram Account veröffentlicht. Darin distanzierten wir uns von den Ankreidungen und drückten unseren Ekel dazu aus. Wir erklärten, dass damit das Problem Catcalling instrumentalisiert werden sollte, um Hass gegenüber einer bestimmten Personengruppe zu schüren. Und wir wiesen darauf hin, dass der Wahrheitsgehalt der Ankreidungen am Rheinufer mehr als zweifelhaft war, da es sich bei den angekreideten Sätzen um aus dem Internet gezogene Zitate handelte.

Ein Post zu einem solchen Vorfall verbreitet sich natürlich wie ein Lauffeuer – und Hassnachrichten sowie Kommentare aus der rechten Szene ließen nicht lange auf sich warten. Auf Instagram, Telegram, Twitter und YouTube spielten die selbst ernannten »wahren Feministen« das Opfer. Sie beklagten, dass ihre Beiträge von uns und anderen *Chalk Back* Accounts weggemeldet worden seien. Auch sei der persönliche Instagram Account der Anführerin der rechten Frauengruppe zwischendurch gehackt und der Account der Gruppierung selbst beinahe gesperrt worden. Zudem seien sie »massiv angefeindet« worden. Aber: Es sind nicht die Mitglieder dieser Gruppe, die bei diesem Vorfall Anfeindung und Hass erfahren haben!

Unsere Organisation setzt sich gegen Belästigung im öffentlichen Raum ein – und diese Belästigung geht von Menschen aus, nicht von Nationalitäten, Religionen oder Kulturen. Das Problem sind patriarchalische und kapitalistische Strukturen in unserer Gesellschaft, durch die FLINTA*-Personen alltäglich – und das nicht erst seit 2015! – objektifiziert und sexualisiert werden. Rechtsnationale Gruppen sprechen sich nur dann gegen diesen Missstand aus, wenn sie dadurch ihre Ideologien verbreiten, Menschen mit Migrationsgeschichte stigmatisieren und vor allem Hass gegen Muslim:innen schüren können.

Genauso wie kein Mensch Catcalling erleben sollte, sollte auch niemand Nazipropaganda auf der Straße lesen müssen. Die Reaktion unserer Community auf die rassistischen und islamophoben Ankreidungen am Rheinufer zeigte: Wir alle stehen gemeinsam gegen Rassismus, Islamophobie und rechte Ideologie in jeglicher Form und dulden keinen Faschismus! Weder in Bonn noch sonst wo in Deutschland.

Aylin von Catcalls of Augsburg: Wie die Polizei in Augsburg die Feuerwehr eine Ankreidung löschen ließ

Name Aylin von *Catcalls of Augsburg*
Pronomen sie/ihr
Beschreibung Aylin ist 20 Jahre alt und hat 2020 *Catcalls of Augsburg* ins Leben gerufen. Seit mehreren Jahren ist sie in antisexistischer Arbeit aktiv, setzt sich aber nicht nur für Feminismus, sondern auch für Antirassismus und Antifaschismus ein. Auch aufgrund eigener Betroffenheit von Mehrfachdiskriminierung spielt Intersektionalität eine große Rolle für sie.

Viele der Einsendungen, die wir bekommen, schildern immer wieder dasselbe: Eine Person wird belästigt – und Umstehende schauen weg. Sie schreiten nicht ein. Niemand sagt etwas oder hilft den Betroffenen. Wir erleben auch in unseren Kommentaren auf Instagram, dass Catcalling verharmlost oder als »Einzelfall« abgetan wird. Betroffenen werden die eigenen Erfahrungen abgesprochen oder es wird mit Whataboutism vom Thema abgelenkt. Das Problem Catcalling wird so unsichtbar gemacht. Anscheinend wollen viele Menschen nicht sehen oder sich eingestehen, dass es in unserer Gesellschaft sexistische Strukturen gibt, die zum Alltag der Betroffenen gehören.

Wir kennen also das Wegschauen, das Kleinreden, das Leugnen. Manchmal ist nicht sofort offensichtlich, was dahintersteckt – nämlich das Unsichtbarmachen eines Problems, mit dem sich viele offensichtlich nicht auseinandersetzen wollen. Aber dann gibt es auch Reaktionen, die ganz klar erkennen lassen, was unsere Gesellschaft als Problem erachtet – und was nicht.

Am Nachmittag des 7. Dezembers 2020 kreidete eine Aktivistin aus unserem Team in Augsburg am Rathausplatz einen Catcall an, der sexistisch und rassistisch war. Wie immer wurden zu dem Catcall auch der Name unseres Accounts, Triggerwarnungen und ein Hashtag gegen Belästigung angekreidet, der erkennen ließ, dass es sich dabei um eine Protestaktion gegen Rassismus und Sexismus handelte.

Aber anscheinend fühlten sich Passant:innen vor Ort so gestört von dieser Ankreidung, dass sie die Polizei riefen. Diese rückte mit drei Streifenwagen an. Zunächst wandte sich die Polizei an das nahe gelegene Klimacamp Augsburg, das gebeten wurde, den Schriftzug zu entfernen. Die Klimaaktivist:innen verwiesen auf *Catcalls of Augsburg* als Verantwortliche für die Kreideaktion und weigerten sich, der Aufforderung nachzukommen, da sie erstens nicht verantwortlich waren und zweitens die Aktion unterstützten. Schließlich rief die Polizei die Feuerwehr, die mit einem großen Löschfahrzeug erschien. Mindestens fünf Feuerwehrbeamt:innen sowie vier Polizist:innen waren im Einsatz und spritzten Löschwasser über den Kreideschriftzug.

Zunächst einmal ist ein Feuerwehreinsatz zur Entfernung von Straßenkreide unglaublich übertrieben, absolut lächerlich und eine wirklich peinliche Verwendung von Steuergeldern.

Der erste Gedanke, den hier wahrscheinlich viele haben werden, ist, dass doch auch ein Eimer Wasser genügt hätte. Das ist zwar richtig, aber darum geht es nicht. Ob Löschfahrzeug oder Putzeimer: Wenn eine Ankreidung entfernt wird, werden Betroffene und Aktivist:innen aktiv zum Schweigen gebracht.

Und wo ist dieser Tatendrang, wenn Menschen die Art von Belästigung erleben, die in der Ankreidung geschildert wurde? Wo ist der Handlungsdruck, sofort zur Tat zu schreiten, wenn Menschen im öffentlichen Raum oder anderswo sexistische oder rassistische Belästigung erfahren? Was Betroffene, die sich an die Polizei wenden, weil sie beleidigt, begrapscht oder verfolgt wurden, häufig berichten, ist, dass ihre Erfahrung verharmlost wird oder ihnen mitgeteilt wird, da »könne man ja eh nichts machen«. Wenn schon eine Ankreidung eines Vorfalls dazu führen kann, dass Nichtbetroffene sich belästigt fühlen und dies einen Polizei- und Feuerwehreinsatz mit mehreren Wagen und Beamt:innen erfordert, was ist dann mit dem Vorfall selbst?

Was sagt es über staatliche Institutionen wie die Polizei aus, wenn sie aufgrund einer Protestaktion gegen Sexismus und Rassismus mit Streifenwagen und Feuerwehr anrücken – Betroffene von Belästigung aber kaum Chancen auf polizeiliche Ermittlung haben? Verbale sexualisierte und rassistische Belästigung ist für viele weiblich gelesene People of Colour und Menschen mit Migrationsgeschichte eine alltägliche Erfahrung. Dagegen wird kaum etwas unternommen, da Catcalling in Deutschland noch nicht strafbar ist. Im starken Kontrast dazu wurden die Beschwerden der Passant:innen in Augsburg so ernst genommen, dass sofort ein Einsatz von Polizei und Feuerwehr ausgelöst wurde.

Wenn aber eine Protestaktion gegen Sexismus und Rassismus so störend für Passant:innen ist, dass ein Feuerwehreinsatz erforderlich wird, sollte dann nicht auch mit ähnlichen Mitteln gegen tatsächlich diskriminierende Ankreidungen vorgegangen werden? Wenn dies nicht der Fall ist, stellt sich die Frage, warum manche Protestaktionen geahndet werden und andere nicht – und wer dabei geschützt wird. Denn nach einer großflächigen Kreideaktion von Abtreibungsgegner:innen am Königsplatz in Augsburg blieben im September zuvor die frauenrechtsfeindlichen Kreide-Sprüche stehen, bis sie schließlich von Feminist:innen entfernt wurden. Hier wurde anscheinend kein Grund gesehen einzuschreiten.

Die Reaktion der Passant:innen, der Polizei sowie der Feuerwehr machen die rassistischen und sexistischen Strukturen innerhalb unserer Gesellschaft sichtbar. Denn der Feuerwehreinsatz in Augsburg ist zwar bestimmt der auffälligste Fall – aber er ist nur einer von vielen, in denen *Chalk-Back*-Aktivist:innen in ihrer Arbeit gegen Catcalling aktiv ausgebremst werden. Manche Städte müssen für jede einzelne Ankreidung beim Ordnungsamt eine Genehmigung beantragen. Das Team von *Catcalls of Mannheim* ist sogar gezwungen, ihre Ankreidungen innerhalb von 24 Stunden selbstständig wieder zu entfernen. (Was die Aktivist:innen nicht davon abhält, weiterhin anzukreiden!)

Und nicht nur in Deutschland werden unserem Kreide-Aktivismus Steine in den Weg gelegt: Eine Aktivistin von *Catcalls of*

NYC zum Beispiel wurde beim #Ankreiden festgenommen. Und nachdem die Teams von *Catcalls of Cairo*, *Catcalls of Karachi* und *Catcalls of Lahore* auf der Straße Bedrohungen und Einschüchterungen erfahren haben, fühlen sie sich nicht sicher genug, um weiterhin im öffentlichen Raum aktiv zu sein. Sie teilen stattdessen die Einsendungen als Grafiken auf Instagram oder Reposts von anderen Accounts.

Solche Maßnahmen gegen das Sichtbarmachen von sexualisierter Belästigung decken massive, grundlegende Probleme auf. Sie zeigen, dass an vielen Orten auf der Welt und auch in Deutschland gesamtgesellschaftlich, politisch und institutionell Veränderungen stattfinden müssen. Denn: Nicht die Kreide ist das Problem, sondern die Belästigung. Nicht das Sichtbarmachen dieser Belästigung sollte eingeschränkt oder sogar verboten werden – die Belästigung selbst sollte geahndet und nicht länger verharmlost und normalisiert werden!

So wie durch das Auslöschen der Ankreidung am Augsburger Rathausplatz der dortige Vorfall unsichtbar gemacht wurde, führen auch andere Einschränkungen unseres Kreide-Aktivismus dazu, dass die Betroffenen stummgeschaltet und Diskriminierungserfahrungen unsichtbar gemacht werden. Das ist auch deshalb sehr problematisch, weil sich viele Betroffene mit ihren Erfahrungen gar nicht erst an offizielle Stellen wenden – weil sie sich davon ohnehin keine Hilfe versprechen. Für viele sind die *Chalk Back* Accounts die Anlaufstelle, an die sie sich wenden, um gehört zu werden und ihre Erlebnisse teilen zu können – nicht nur mit anderen Betroffenen, sondern eben auch mit der

Öffentlichkeit und so mit Menschen, die diese Art von Belästigung nicht erfahren.

Aber das Unsichtbarmachen von Belästigungserfahrungen ist auch noch aus einem anderen Grund problematisch. Nicht nur wird Betroffenen damit eine der wenigen Möglichkeiten genommen, sich Gehör zu verschaffen – gleichzeitig werden so Täter:innen geschützt und ihr Verhalten gesellschaftlich entschuldigt und akzeptiert. Wenn unsere Ankreidungen weggewaschen werden, werden gleichzeitig ihre Taten weggewaschen, als wären sie nie passiert oder als könnten sie einfach so ungeschehen gemacht werden. Aber: Für die Betroffenen sind sie das natürlich nicht. Für sie bleibt die erlebte Diskriminierung bestehen – und sie werden mit dem Erlebten alleingelassen, wenn unsere Gesellschaft wegsieht oder sie gar aktiv zum Schweigen bringt.

Es geht auch anders: Die Stadt Zürich hat 2019 das Projekt »Zürich schaut hin – gegen sexuelle, sexistische, homo- und transfeindliche Belästigungen und Übergriffe« ins Leben gerufen. Damit sollen der öffentliche Raum und das Nachtleben in Zürich für alle Menschen – unabhängig von Geschlecht, Geschlechtsidentität, sexueller Orientierung, Hautfarbe und Behinderung – sicher werden, sodass sich jede:r frei von Belästigung und Übergriffen bewegen kann.
Teil des Projekts ist ein Online-Meldetool, über das Vorfälle anonym und sicher gemeldet werden können. So wird sichergestellt, dass Diskriminierungserfahrungen nicht nur gesehen, sondern auch gesammelt und erhoben werden. Sie sollen als Grundlage zur Entwicklung weiterer Maßnahmen gegen Belästigung dienen.

Aber woher kommt der Drang, wegzuschauen? Warum wollen wir als Gesellschaft nicht hinsehen, wenn Menschen im öffentlichen Raum oder anderswo sexistische oder rassistische Diskriminierung erleben? Warum wollen wir nicht hinsehen, wenn – alltäglich – offensichtlich wird, dass sich durch unsere Gesellschaft rassistische und sexistische Strukturen ziehen? Schämen wir uns so sehr für diese Handlungs- und Denkweisen, die aus einem patriarchalischen System erwachsen sind, dass wir sie am liebsten gar nicht wahrhaben wollen? Warum scheint unsere Gesellschaft an diesem System festhalten zu wollen, auch wenn es vielen Menschen schadet? Warum wird sexistische, rassistische und jede Art von Diskriminierung nicht grundsätzlich gesellschaftlich verurteilt?

Solange das nicht passiert, müssen diese Erfahrungen sichtbar gemacht werden. Das findet nicht nur unser Team von *Catcalls of Augsburg*, sondern auch alle *Chalk Back* Accounts aus Deutschland und der Welt, die uns nach dem Feuerwehreinsatz unterstützt haben. Sie haben in Solidarität mit uns angekreidet, unsere Geschichte geteilt und so geholfen, den Vorfall am Rathausplatz nicht nur wieder sichtbar zu machen, sondern sichtbarer, als er es zuvor hätte sein können.

Und auch in Augsburg haben wir viel Unterstützung erfahren und gemeinsam mit der Black Community Foundation Augsburg, dem CSD Augsburg, dem Frauen*streik Augsburg, dem Klimacamp Augsburg, OpenAfroAux sowie pia profamilia Augsburg ein Statement verfasst, in dem wir die Stadt Augsburg aufforderten, konkrete Maßnahmen gegen sexualisierte und rassistische Belästigung zu ergreifen sowie auf gesellschaftlicher, politischer und institutioneller Ebene Sensibilität für die Problematik zu schaffen.

In Augsburg und auch an allen anderen Orten in Deutschland und auf der Welt fordern wir, dass unser Kreide-Aktivismus nicht behindert wird – weder durch die Polizei noch durch Ordnungsämter oder die Feuerwehr. Aber vor allem möchten wir Passant:innen, die sich von Ankreidungen belästigt fühlen, auffordern: Wenn es euch so sehr stört, von Belästigungssituationen zu lesen, dann greift doch bitte bei solchen Vorfällen ein! Unterstützt andere Menschen, wenn sie belästigt werden! Und ruft dann die Polizei, wenn es tatsächlich angebracht ist!

Denn nicht das Sichtbarmachen von Diskriminierungserfahrungen sollte euch stören. Die Belästigung, die Menschen tagtäglich auf der Straße – und überall anders – erfahren, sollte euch stören! Also macht was!

Und solange derart diskriminierende, sexistische und rassistische Aussagen auf der Straße ausgesprochen werden, schreiben wir sie auch genau da hin. Denn wenn Menschen so etwas nicht lesen möchten, sollte das doch auch niemand hören müssen! Dafür setzen wir uns mit unseren Ankreidungen ein!

Farah von Catcalls of London: Sarah Everard: Sie hat alles »richtig« gemacht

Name Farah Benis
Pronomen sie/ihr
Beschreibung Farah ist die Geschäftsführerin der FFA Security Group. Sie leitet Schulungen zu Programmen wie »Ask For Angela« und zur Sensibilisierung für sexualisierte Belästigung. In ihren Rollen als Vorstands-

vorsitzende von *Chalk Back* und Gründerin von *Catcalls of London* setzt Farah sich ebenfalls gegen Belästigung ein.

! Triggerwarnung ! Feminizid

Am 3. März 2021 verschwand Sarah Everard in London auf ihrem Weg nach Hause. Sechs Tage später wurde ein Polizeibeamter der Metropolitan Police festgenommen, weil er verdächtigt wurde, sie entführt zu haben. Am Tag darauf wurde Sarah tot aufgefunden. Der Polizeibeamte wurde für ihre Entführung, Vergewaltigung und Ermordung zu einer lebenslangen Haftstrafe verurteilt.

Ich glaube, was für mich und für so viele Frauen am meisten hervorsticht, ist, dass Sarah alles getan hat, was sie tun »sollte«. Jede Frau und jedes Mädchen, die ich kenne, kann auf Anhieb eine Reihe an Sicherheitstipps aufzählen – eine ganze Liste an Dingen, von denen uns seit unserer Kindheit gesagt wird, dass sie uns vor Schaden bewahren werden. Wir werden dazu erzogen, auf unsere Sicherheit zu achten, ohne uns dieser Tatsache allzu oft bewusst zu sein. Es ist ein völlig normaler und fester Bestandteil unseres alltäglichen Lebens geworden.

Teile jemandem deinen Standort und deinen Weg mit. Zieh farbige Kleidung an, um anderen in Erinnerung zu bleiben. Halte dich an gut beleuchtete Strecken. Trag keine Kopfhörer. Vertrau der Polizei. Die Liste lässt sich fortsetzen – gut gemeinte Ratschläge, die die gesamte Verantwortung Frauen aufbürden.

Aber die Sache ist die: Das Problem sind nicht die Frauen. Wir verbringen jeden Tag unseres Lebens damit, Situationen und ihr Gefahrenpotenzial abzuwägen. Wir machen viel zu viele Zugeständnisse, um nicht angegriffen zu werden. Es ist erstickend und erschöpfend.

Doch die Geschichte von Sarah Everard hat viele von uns gezwungen, neu darüber nachzudenken, was Angst und Freiheit für eine Frau bedeuten. Im Vordergrund der Gespräche in unserem Land steht die Erkenntnis, dass geschlechtsspezifische Gewalt, insbesondere gegen Frauen, in unserer Gesellschaft extrem normalisiert ist.

Das Tragische daran ist, dass es keine Rolle spielt, ob wir eine Hose statt eines kurzen Rocks oder etwas Lockeres und Schlabberiges statt etwas Körperbetontem tragen, um zu vermeiden, dass wir für einen böswilligen Mann eine Versuchung darstellen. Es spielt keine Rolle, ob wir unsere Freunde und Verwandten anrufen, um sie über unseren Aufenthaltsort zu informieren. Es macht keinen Unterschied, ob wir Turnschuhe tragen oder nicht, falls wir wegrennen müssen.

Sarah hat all diese Dinge getan. Sie passte ihr Verhalten an, um die Gefahr zu verringern, objektifiziert oder angegriffen zu werden. Und dennoch wurde sie ermordet.

Sarah ist nicht die Einzige, die durch männliche Gewalt ums Leben gekommen ist. Allein im Jahr 2021 gab es im Vereinigten Königreich bisher – Stand Ende November – mindestens 133 Fälle, in denen Frauen von Männern getötet wurden oder in denen ein Mann der Hauptverdächtige war.

Doch Sarah hat einen Nerv getroffen. Im ganzen Vereinigten Königreich kam es zu Protesten, und ihr Fall löste eine breitere Diskussion über männliche Gewalt, sexualisierte Belästigung, Übergriffe im öffentlichen Raum und die Sicherheit von Frauen aus. Dies ist ein wichtiges Gespräch, das wir führen müssen. Die meisten, wenn nicht sogar alle Frauen und auch viele nichtbinäre und andere marginalisierte Menschen können bestätigen, dass sie sich unsicher fühlen, wenn sie in der Öffentlichkeit unterwegs sind.

Was war es also, das in Sarahs Fall eine so große Empörung auslöste? Ich denke, dass es für die Öffentlichkeit einfach ist, ihre Geschichte zu hören und sich selbst oder die Frauen, die sie kennen, in ihre Lage zu versetzen und deshalb um sie zu trauern und gegen die Gewalt zu protestieren, die ihr Leben genommen hat. Bei Geschichten mit weniger »idealen« Opfern, sympathischeren Tätern oder komplizierteren Gewalttaten hingegen reagieren die Menschen seltener auf die gleiche Weise. Wenn sie zum Beispiel von einer Frau erfahren, die von ihrem männlichen Partner getötet wurde, wie oft hören wir dann: »Was könnte ihn zu dieser Tat getrieben haben?« – als trage nicht der Täter selbst die Schuld an seiner Gewalttat.

Der Begriff »Missing White Woman Syndrome«, übersetzt etwa »Vermisste-weiße-Frau-Syndrom«, stammt aus der Sozialpsychologie. Er beschreibt das Phänomen, das Medien überproportional häufig über Fälle berichten, in denen die vermissten Personen junge, *weiße* Frauen oder Mädchen aus der Mittelschicht sind. Auch hier machen sich also rassistische gesellschaftliche Strukturen bemerkbar, die zeigen, wie wichtig ein intersektional-feministischer Ansatz im Kampf gegen geschlechtsbasierte Gewalt ist.
Das bedeutet natürlich nicht, dass Sarah Everard diese Aufmerksamkeit nicht hätte bekommen sollen. Es bedeutet, dass alle Menschen, die infolge von geschlechtsspezifischer Gewalt getötet werden, mediale und gesellschaftliche Aufmerksamkeit erhalten sollten.

Die Geschichte einer jungen, attraktiven, *weißen*, blonden Frau hingegen, die nach Hause geht und von einem scheinbar Unbekannten entführt und ermordet wird, ist für die breite Öffentlichkeit leicht nachvollziehbar und ergreifend. Die Menschen können ihn sich als Monster, krankhaft oder »pervers« vorstellen, einen Einzelfall, dem sie geeignete unbestimmte, aber weitreichende sittliche Probleme zuschreiben, die sein Verhalten erklären. Denn Menschen mit psychischen Erkrankungen werden bei körperlichen Übergriffen oft als Täter:innen stigmatisiert, obwohl sie nicht häufiger oder mit höherer Wahrscheinlichkeit gewalttätig sind als andere Bevölkerungsgruppen. Sarahs Mörder Wayne Couzens war nicht einfach »jemand, der durch die Maschen gerutscht ist«. Drei Tage vor dem Mord wurde er auf einer Überwachungskamera gesehen, wie er sich in einem McDonald's Drive-in vor einer Angestellten entblößte. Außerdem wurde erst kürzlich berichtet, dass Couzens von seinen Kolleg:innen als »The Rapist«, auf Deutsch »der Vergewaltiger«, bezeichnet wurde, weil er den Frauen in der Belegschaft ein derart unangenehmes Gefühl bereitete. Auch andere beunruhigende Geschichten, wonach er vor den Häusern von Frauen auftauchte, die er zuvor wegen Verkehrsdelikten angehalten hatte, wurden bekannt.

Warum konnte dieses Verhalten so lange ungehindert fortgeführt werden? Wenn jemand in einer anderen Situation oder Einrichtung als »Vergewaltiger« bezeichnet würde, würde gegen ihn sofort ermittelt – er würde entlassen werden und angeklagt. Stattdessen ist eine Frau, die ihr ganzes Leben noch vor sich hatte, tot.

Vor Kurzem wurde bekannt, dass mehr als 750 Mitarbeiter der Metropolitan Police seit 2010 mit Anschuldigungen wegen sexuellen Fehlverhaltens konfrontiert wurden – und nur 83 von ihnen entlassen. Dies zeigt sehr deutlich, dass unter uns gewalttätige Männer leben, von denen sich einige im Verborgenen halten und andere sich als unsere Beschützer ausgeben. Wayne Couzens ist nicht einfach »ein schwarzes Schaf«, wie uns die Metropolitan Police immer wieder weismachen will, er ist das

Resultat eines kaputten Systems, das dringend in Ordnung gebracht werden muss.

Seit dem Mord an Everard im März hat die Metropolitan Police einen Violence Against Women Action Plan, auf Deutsch etwa »Aktionsplan gegen Gewalt an Frauen«, veröffentlicht. Auch die britische Regierung hat einen ähnlichen Plan herausgegeben und zudem einen Hilfsfonds eingerichtet, um Organisationen zu unterstützen, die in diesen Bereichen tätig sind. Bislang scheint jedoch außer glänzenden teuren Werbekampagnen und Pressemitteilungen kaum etwas Konkretes umgesetzt worden zu sein. Es gibt keine Entschuldigung dafür, nur über die Sicherheit von Frauen zu reden, ohne dies mit ergebnisorientierten, greifbaren Maßnahmen zu untermauern.

Ich denke, man kann durchaus sagen, dass wir alle genug von leeren Floskeln haben.

10
LASST UNS ETWAS ÄNDERN!

Lucie von Catcalls of Hannover: Catcalling: Recht, Realität und Reform

Name Lucie von Gierke

Beschreibung Lucie kreidet seit 2019 für *Catcalls of Hannover* an. Neben der Mitorganisation des Teams sowie der Öffentlichkeitsarbeit für den Hannover-Account betätigt Lucie sich in der deutschlandweiten Vernetzung im Vorstand. Lucie lebt und studiert in Hannover.

Was kann ich tun, wenn ich sexuell belästigt werde? Und was ist, wenn diese Belästigung (nur) verbal war und ich keine Zeug:innen hatte? Da sich wahrscheinlich jede betroffene Person diese Fragen stellt, sollen sie im Folgenden beantwortet werden.

Natürlich kannst und solltest du mit deiner Familie, deinen Freund:innen, Lehrer:innen und anderen Vertrauenspersonen darüber sprechen. Aber was, wenn dir das nicht reicht? Was, wenn du etwas dagegen machen möchtest? Was, wenn du willst, dass der:die Täter:in zur Rechenschaft gezogen wird? Dass die Person versteht, was sie falsch gemacht hat, oder zumindest künftig davon abgehalten wird, so etwas noch einmal jemandem anzutun?

Würde dir jemand etwas stehlen oder dich schlagen, würdest du vermutlich nicht zögern und die Polizei rufen. Du würdest Anzeige erstatten, und wenn alles gut liefe, käme der Vorfall vor Gericht. Dann würden unabhängige Richter:innen entscheiden, wie damit umzugehen ist. Aber ist das bei Catcalling auch möglich?

Die Erklärungen in diesem Kapitel ersetzen auf keinen Fall den Gang zu einem:einer Anwält:in. Wenn dir etwas passiert ist und du über eine Anzeige nachdenkst, solltest du am besten mit einer dafür ausgebildeten Person sprechen, die dich in deinem konkreten Fall zu weiteren Schritten berät. Hier soll nur ein erster Überblick gegeben werden, gerade auch mit Blick auf eventuelle Probleme und Strafbarkeitslücken in Deutschland.

Das ist die rechtliche Lage in Deutschland

Im deutschen Strafgesetzbuch gibt es mehrere Paragrafen, die Sexualstraftaten und ähnliche Delikte regeln, nämlich die §§ 177 ff. StGB.

So kannst du einen Verweis auf eine Rechtsnorm, also ein Gesetz, lesen:

1. Das Paragrafenzeichen (§) steht für einen Paragrafen; ein doppeltes Paragrafenzeichen (§§) wird genutzt, wenn auf mehrere Paragrafen verwiesen wird.

2. Dann folgt die genannte Norm als Zahl, manchmal mit einem Buchstaben als Zusatz. Wenn es sich um mehrere aufeinanderfolgende Paragrafen handelt, werden diese als fortfolgende (ff.) angegeben; wird nur der Paragraf danach mit zitiert, spricht man von dem folgenden (f.) Paragrafen.

3. Römische (I, II, III) und lateinische (1, 2, 3) Ziffern nach den Normen beschreiben die genaue Stelle, auf die Bezug genommen wird.

4. Am Ende wird der Gesetzestext angegeben, aus dem die Norm stammt. Dieser wird abgekürzt; zum Beispiel wird statt »Strafgesetzbuch« die Abkürzung »StGB« verwendet.

Der grundlegende Paragraf dieser Normenreihe zu Sexualstraftaten ist der §177 StGB. Er stellt sexuelle Übergriffe, sexuelle Nötigungen und Vergewaltigungen unter Strafe. Dabei gilt in Deutschland der »Nein heißt Nein«-Grundsatz. Das heißt, dass du dich nicht körperlich verteidigen musst, wenn etwas gegen deinen erkennbaren Willen geschieht. Du musst aber erkennbar machen, dass etwas gegen deinen Willen geschieht. Dazu kannst du zum Beispiel explizit »Nein« sagen oder anders zeigen, dass du nicht möchtest, was die andere Person tut.

Es gibt aber natürlich auch Situationen, in denen eine solche Willensäußerung der betroffenen Person nicht möglich ist. Das könnte zum Beispiel der Fall sein, wenn jemand bewusstlos oder zu betrunken ist, um einen Willen zu äußern. Die betroffene Person kann aber beispielsweise auch aufgrund einer Behinderung nicht in der Lage sein, einen entgegenstehenden Willen zu bilden oder kundzutun. Diese Situationen, in denen eine Willensäußerung nicht möglich ist, sind ebenfalls von §177 StGB erfasst und somit strafbar.

Bedeutet das also, dass du bei sexuellen Übergriffen im öffentlichen Raum erst mal »Nein« sagen musst, damit die Tat strafbar ist? Nein, denn §177 II Nr. 3 StGB erfasst auch das Ausnutzen eines Überraschungsmomentes. Es reicht also, dass jemand die Überraschung einer anderen Person ausnutzt, um sexuell übergriffig zu handeln. Damit ist vor allem das Anfassen der Geschlechtsteile in der Öffentlichkeit gemeint. Einige der Situationen, die die *Chalk Back* Accounts ankreiden, sind also strafbar.

Um dem:der Täter:in die Tat nun auch vorwerfen zu können, muss er:sie sich bewusst sein, dass diese Handlung einen Sexualbezug hat. Aber gerade wenn die Geschlechtsteile einer anderen Person berührt werden, ist dieser Bezug oft offensichtlich.

Außerdem muss die Handlung von Erheblichkeit sein, damit sie dem:der Täter:in vorgeworfen werden kann. Du fragst dich jetzt vielleicht, ab wann etwas erheblich ist. Wie du in → **Kapitel 5** zu Rape Culture gelesen hast, ist eine solche Wertung schon auf gesellschaftlicher Ebene sehr problematisch – also umso mehr, wenn sie als Teil einer Strafnorm beantwortet werden muss. Denn wer entscheidet, ab wann eine Tat »schlimm genug« und somit »erheblich« ist? Die Antwort ist einfach und wenig überraschend: Es ist die Rechtsprechung, also Richter:innen, die solche Fälle entscheiden muss.

Dabei hat sich ein gewisser Trend herausgebildet: Grundsätzlich werden nur sexuelle Handlungen als erheblich im Sinne des §177 StGB erfasst, die mit Körperkontakt einhergehen. Dazu gehören aber auch Situationen, in denen der:die Täter:in die betroffene Person zwingt, selbst Handlungen vorzunehmen, zum Beispiel an dem:der Täter:in oder an Dritten. Damit ist natürlich nicht gemeint, dass Handlungen ohne Körperkontakt nicht ebenfalls schrecklich, erniedrigend oder traumatisierend für die Betroffenen sein können. Für solche Fälle gibt es aber andere Strafnormen. Grund für diese Unterscheidung ist die Annahme, dass sexuelle Übergriffe mit Körperkontakt die sexuelle Selbstbestimmung besonders schwer verletzen und deshalb unter Strafe stehen sollten.

Was also macht eine Tat erheblich? Damit eine Handlung als erheblich gilt, muss eine gewisse Unrechtsschwelle überschritten sein. Dafür werden die Art, Intensität und Dauer der Handlung bewertet. Dabei kommt es vor allem auch auf die Körperstelle an, die der:die Täter:in gegen den Willen der betroffenen Person berührt: Die Berührung von bekleideten oder unbekleideten Geschlechtsteilen wiegt am schwersten. Ein Klaps auf den bekleideten Po wird hingegen in der Regel als unerheblich angesehen. Das Begrapschen von bekleideten Brüsten ist komplizierter: Hier wirkt sich auf die Bewertung aus, wie stark der Griff war, wie lange er andauerte und was der soziale Kontext

der Situation war. Auch Zungenküsse können unter §177 StGB fallen; teilweise werden sie aber auch als nicht erheblich genug angesehen.

Diese Beispiele zeigen, dass es sehr schwer ist, eine klare und stringente Linie der Erheblichkeit zu fahren. Oftmals müssen Einzelfälle für sich bewertet und entschieden werden. Bei Minderjährigen ist die Rechtsprechung aber grundsätzlich strenger: Ist die betroffene Person unter 18, werden die Handlungen der Täter:innen öfter als erheblich bewertet, als es bei erwachsenen Betroffenen der Fall ist.

Der §177 StGB hilft uns in Fällen von Catcalling also nur weiter, wenn der:die Täter:in die betroffene Person angefasst hat und die Tat als erheblich gesehen wird, also eine Körperstelle betrifft, die in unserer Gesellschaft grundsätzlich tabu ist, und die Handlung von einiger Intensität und Dauer war.

Das Strafgesetzbuch regelt aber zum Glück noch weitere Fälle von sexuellen Übergriffen. In einigen Einsendungen an die *Chalk Back* Accounts berichten die betroffenen Personen von sogenannten exhibitionistischen Handlungen, also davon, dass jemand vor ihnen masturbiert oder sich entblößt. Damit dies nach §183 StGB strafbar ist, müssen sich dabei Anwesende – also zum Beispiel die betroffene Person, es können aber auch Außenstehende sein – durch die Handlungen des Täters belästigt fühlen; Mitleid oder Belustigung genügt nicht. Täter dieses Delikts kann nur ein Mann sein, was der Gesetzgeber vor allem damit begründet, dass »weiblicher« Exhibitionismus so gut wie gar nicht vorkomme.

Auch die »Erregung öffentlichen Ärgernisses« ist strafbar. Dabei werden sexuelle Handlungen in der Öffentlichkeit – mit anderen oder alleine – unter Strafe gestellt. Dieses Verhalten wird von §183a StGB erfasst. Auch hier muss die Handlung erheblich sein, was aber in der Regel der Fall ist, wenn Masturbation als solche zu erkennen ist. Im Gegensatz dazu reicht es aber nicht, wenn eine Person in der Öffentlichkeit über sexuelle Themen spricht. Wie auch bei §183 StGB muss die Handlung des:der Täters:in negative Gefühle bei den Wahrnehmenden hervorrufen.

Bei beiden Delikten – also exhibitionistischen Handlungen und Erregung öffentlichen Ärgernisses – muss die Handlung an einem öffentlichen Ort vorgenommen werden, also zum Beispiel in Bus, Bahn oder auf der Straße. Aber auch in eigentlich privaten, aber öffentlich zugänglichen Räumen wie Kinos oder Restaurants ist ein solches Verhalten strafbar. Es genügt sogar, wenn der Täter die Handlung vor einem offenen Fenster oder

auf einem Balkon vornimmt, sodass andere diese wahrnehmen können. Der neueste Paragraf unter den Straftaten gegen die sexuelle Selbstbestimmung ist der 2016 eingeführte §184i StGB, der sexuelle Belästigung unter Strafe stellt. Auch diese Norm setzt Körperkontakt zwischen dem:der Täter:in und der betroffenen Person voraus. Hier wird alles erfasst, was unter die Erheblichkeitsgrenze der anderen Normen, insbesondere des §177 StGB, fällt; beispielsweise kann der Klaps auf den bekleideten Po in der Öffentlichkeit unter §184i StGB fallen.

Damit der:die Täter:in sich strafbar macht, muss die betroffene Person sich durch die Tat belästigt fühlen und einen erkennbar fehlenden Willen haben, also die Handlung gerade nicht wollen. Natürlich muss auch hier eine Grenze gezogen werden, damit nicht jeder zufällige Körperkontakt zwischen zwei Personen strafbar ist. Deswegen schließt die Rechtsprechung Handlungen mit nur schwachem sexuellem Bezug für gewöhnlich aus dem Anwendungsbereich dieses Paragrafen aus. Nicht strafbar nach §184i StGB sind also zum Beispiel eine Hand auf dem Knie des:der Sitznachbars:in in der Bahn, das Streicheln über die Wange des Gegenübers oder Handlungen, die ausschließlich für die betroffene Person einen Sexualbezug haben, für andere jedoch nicht.

Das bedeutet nicht, dass Menschen, die so etwas erlebt und sich dabei belästigt oder unwohl gefühlt haben, nicht von Belästigung betroffen gewesen wären. Unerwünschte Berührungen von fremden Menschen sind immer äußerst grenzüberschreitend und den meisten sehr unangenehm. Das wird durch die rechtlichen Regelungen nicht infrage gestellt. Es bedeutet lediglich, dass die oben genannten Beispiele in unserer Gesellschaft nicht unter Strafe gestellt werden.

Wenn wir uns den §184i StGB im Zusammenhang mit Catcalling ansehen, gibt es dabei vor allem ein Problem: Der:die Täter:in muss bedingt vorsätzlich handeln. Das bedeutet, dass er:sie die körperliche Berührung und ihre sexuelle Bedeutung erkennen und den Belästigungserfolg zumindest billigend in Kauf nehmen muss. Im Umkehrschluss scheiden also alle Situationen aus, in denen der:die Täter:in irrigerweise annimmt, die andere Person wolle die Berührung und nehme sie als Kompliment oder Flirtversuch wahr.

Aber: Gerade bei Catcalling, also sexueller Belästigung im öffentlichen Raum zwischen Fremden, ist dies – zumindest angeblich – oft der Fall. Wie du in → **Kapitel 4** lesen konntest, wird vor allem verbale Belästigung häufig als Kompliment oder Annäherungsversuch verharmlost. Da diese Denkweise in unserer Gesellschaft tief verankert ist, ist eine vorsätzliche Belästigung vor Gericht eher schwer nachweisbar.

Dies liegt auch daran, dass die Rechtsprechung oft den Maßstab eines »objektiven Dritten«, also einer außenstehenden Person, anlegt, um die Situation zu beurteilen. In einer Gesellschaft, die Catcalling als Kompliment versteht, müssen wir uns also fragen, ob dieser »objektive Dritte« nicht basierend auf dieser patriarchalischen Prägung urteilt. Realistisch betrachtet wird die vom Gericht bemühte »objektive« Perspektive oft die einer Person sein, die selbst nicht von sexualisierter Gewalt betroffen ist. Das ist deshalb problematisch, weil nicht betroffene Personen die feinen Unterschiede zwischen willkommenem Gespräch und Belästigung, die Catcalling oft ausmachen, häufig nicht wahrnehmen können oder wollen und diese Situationen deshalb oft anders bewerten – das zeigt sich zum Beispiel in Gesprächen beim #Ankreiden oder in Instagram-Kommentaren.

Behauptet der:die Täter:in, davon überzeugt gewesen zu sein, die Berührung sei erwünscht gewesen, liegt es an der Staatsanwaltschaft, ihm:ihr das Gegenteil nachzuweisen, was sich natürlich oftmals schwierig gestaltet. Sind in einem Fall jedoch vollkommen fremde Personen beteiligt, wird es für den:die Täter:in schwierig, dem Gericht glaubhaft zu versichern, er:sie dachte, die betroffene Person würde sich über die Berührung freuen. Hier kommt es dann auf den Einzelfall und auch den:die Richter:in an, der:die den Fall zu entscheiden hat.

Nicht zu vergessen ist schließlich die Möglichkeit, etwas als Beleidigung gemäß §185 StGB anzuzeigen. Typische Beleidigungshandlungen sind Beschimpfungen, Diffamierungen und Kraftausdrücke. Auch Gesten können symbolische Ehrverletzungen darstellen, ebenso wie das Anspucken einer anderen Person. Dabei ist wichtig, dass die Aussage wahrgenommen und als beleidigend empfunden wird. Nicht strafbar ist die Äußerung von Tatsachen; es muss sich bei der Äußerung um ein Werturteil handeln. Zum Beispiel ist die Aussage »Es regnet« eine Tatsachenäußerung, wohingegen »Regen ist doof« ein Werturteil darstellt. Die Bezeichnung »Schlampe« ist aber auch dann keine Äußerung einer Tatsache, wenn die so bezeichnete Person wechselnde Sexualpartner:innen hat, da der Begriff ein Werturteil enthält.

Im Zusammenhang mit Catcalling ist aber besonders interessant, wie es sich mit sexuell aufgeladenen Äußerungen und Anmachen verhält. Hier gilt: Angriffe auf die sexuelle Selbstbestimmung und sexuelle Annäherungsversuche sind nur dann gemäß §185 StGB strafbar, wenn zusätzlich eine Herabwertung der betroffenen Person stattfindet. Wann dies der Fall ist, ist schwer allgemein festzulegen und hängt meistens vom jeweiligen Einzelfall ab. Das Anbieten sexueller Kontakte allein enthält als solches keinen Beleidigungsgehalt, selbst wenn die betroffene Person nicht zu verstehen gegeben hat, dass dies willkommen wäre. Auch das Aufdrängen von sexualisierten Äußerungen und »Witzen« oder sexualisierte Berührungen im öffentlichen Raum stellen meistens keine Beleidigungen dar.

Grundsätzlich lässt sich sagen, dass von §185 StGB gerade nicht die Fälle aufgefangen werden sollen, die bei den oben erklärten Paragrafen als unerheblich abgelehnt würden. Als Faustregel kannst du dir aber vielleicht merken, dass offensichtliche Beleidigungen wie Kraftausdrücke oder als ehrrührig konnotierte Wörter wie »Schlampe« meist unter §185 StGB fallen und so zur Anzeige gebracht werden können. In praktischer

Hinsicht darfst du dabei nicht vergessen, dass der:die Richter:in bei einer wechselseitigen Beleidigung beide Parteien für straffrei erklären kann. Wenn du also möchtest, dass der:die Täter:in auf gerichtlichem Wege zur Rechenschaft gezogen wird, solltest du darauf achten, dich nicht selbst wegen Beleidigung strafbar zu machen, indem du direkt mit einer Beleidigung antwortest.

Es lässt sich also festhalten, dass Catcalling als solches in Deutschland nicht strafbar ist. Viele der Vorfälle, die von *Chalk Back* Accounts angekreidet werden, sind aber dennoch von einer anderen Norm erfasst und somit strafbar. Es gilt jedoch zu diskutieren, ob man eine weitere Norm oder eine Ordnungswidrigkeitsvorschrift für verbale Belästigung braucht, die keine explizite Beleidigung enthält, sowie für körperliche »nicht erhebliche« Belästigung, die entweder nicht offensichtlich sexuell ist, oder bei der der:die Täter:in davon überzeugt ist, dass die Berührung willkommen ist, und die eigene Überzeugung auch nachweisen kann.

Catcalling strafbar machen?

Im Strafrecht schlägt sich das nieder, was wir als Gesellschaft missbilligen. Anders gesagt: Wir stellen Dinge unter Strafe, die wir negativ bewerten. Je stärker wir das fragliche Verhalten missbilligen, desto höher sind das Strafmaß und die Regelungsdichte. Aber bewertet der Gesetzgeber bzw. unser gesellschaftliches System sexualisierte Gewalt in all ihren Erscheinungsformen genauso, wie von ihr Betroffene es tun? Wie du in ⟶ **Kapitel 4** und **5** gelesen hast, halten sich viele gesellschaftliche Denkweisen, die Betroffenen die Schuld geben, sexualisierte Gewalt verharmlosen und die meist männlichen Täter schützen. Es ist also mehr als fraglich, ob unsere Gesellschaft, die noch immer ein patriarchalisch geprägtes System darstellt, dieselben Wertmaßstäbe hat, wie eine gleichberechtigte Gesellschaft sie hätte.

Während manche von der Reform des Sexualstrafrechts 2016 schockiert waren, weil es nun zu hart und zu weit gefasst sei, fordern gerade FLINTA*-Personen noch strengere Regulierungen. Liegt gerade hier das Problem? Die grundlegend unterschiedliche Auffassung und Bewertung sexualisierter Gewalt sowie die Anlegung anderer Wertmaßstäbe? Wir als Gesellschaft haben solche Gewalt jahrhundertelang toleriert, sogar gefördert, indem Betroffene dafür verantwortlich gemacht und die meist männlichen Täter geschützt wurden – und tun es noch immer.

Inzwischen herrscht zwar die grundsätzliche Meinung, dass eine Vergewaltigung in jedem Fall strafbar sein muss. Dabei sind sich aber nicht alle darüber einig, was tatsächlich als Vergewaltigung zählt. Ist es Vergewaltigung, wenn sich die beteiligten Personen kennen oder sogar in einer Beziehung sind? Ist es Vergewaltigung, wenn keine Gewalt angewendet wurde? Ist es Vergewaltigung, wenn Alkohol konsumiert wurde? Dabei sollte klar sein, dass nur eine Frage beantwortet werden muss: Handelte der:die Täter:in gegen den Willen der betroffenen Person?

Aber: Je niedrigschwelliger die Art der Gewalt, vor allem dann, wenn es sich nicht um körperliche, sondern verbale oder psychische Gewalt handelt, die oft nicht als solche anerkannt werden, desto mehr verschwimmen die Grenzen. Catcalling zeigt dies sehr gut. Viele Situationen werden von Nichtbetroffenen als harmlos und nicht als Übergriff wahrgenommen. Betroffene dieser Form von Gewalt bewerten sie hingegen vollkommen anders.

Ein angemessenes, alle zufriedenstellendes Sexualstrafrecht ist wohl nur in Zusammenarbeit mit Betroffenen möglich – und erfordert eine dringende Auseinandersetzung mit den unterschwelligen patriarchalischen Grundwerten, mit denen wir aufwachsen und sozialisiert werden und die unsere Gesellschaft weiterhin prägen.

Wie der Versuch aussieht, die erlebte Realität von Betroffenen anzuerkennen und strafrechtliche Regelungen danach auszurichten, zeigen Länder, die Catcalling explizit unter Strafe stellen. In Frankreich zum Beispiel ist Catcalling keine Straftat wie die Normen in unserem StGB, sondern vielmehr das französische Äquivalent einer Ordnungswidrigkeit. Das heißt, dass Täter:innen, wenn sie jemanden belästigen, direkt vor Ort ein Bußgeld an Polizist:innen zahlen müssen. In Belgien ist diese Form der Belästigung sogar eine Straftat. Problematisch ist hier natürlich, dass die Betroffenen Anzeige erstatten und Beweise liefern müssen.

Neben Frankreich und Belgien kennen die Gesetze vieler anderer europäischer Länder die verbale sexuelle Belästigung und stellen diese teilweise ebenfalls unter Strafe. Dies ist unter anderem in Bulgarien, Estland, Irland, Griechenland, Kroatien, Litauen, Luxemburg, Slowenien, der Slowakei und Finnland der Fall. Auch in Peru und auf den Philippinen ist Catcalling strafbar.

Wir haben demnach eine Strafbarkeitslücke in Deutschland. Wollen wir diese aber überhaupt schließen? Viele Menschen haben Angst; Angst davor, dass »man nichts mehr sagen darf« und dass damit jeder zwischenmenschliche Kontakt im öffentlichen Raum sofort strafbar ist. Vielleicht haben sie auch Angst, dass ihnen Freiheiten genommen werden, die sie sich momentan noch erlauben.

Auf der anderen Seite stehen jedoch die Betroffenen, die härtere Gesetze – oder überhaupt welche – fordern. Sie haben ebenfalls Angst. Angst, nachts allein nach Hause zu gehen. Angst, tagsüber allein unterwegs zu sein. Angst, Bus und Bahn zu fahren. Angst vor männlich gelesenen Personen im öffentlichen Raum, ohne sie zu kennen.

Würde ihnen ein Gesetz gegen Catcalling diese Angst nehmen? Diese Frage ist sehr viel schwieriger zu beantworten. Wie wir in Frankreich und Belgien sehen, ist trotz Strafbarkeit die Dunkelziffer noch immer sehr hoch. Aber das Strafrecht hat auch eine Signalwirkung. Würden Politik und Justiz das Leid der Betroffenen anerkennen und dagegen vorgehen, nähme es ihnen vielleicht nicht die Angst, aber es würde sie im Umgang mit Catcalling bestärken. Und es würde Täter:innen zeigen: Dieses Verhalten toleriert unsere Gesellschaft nicht.

Aus juristischer Perspektive ist die Problematik aber noch einmal anders zu betrachten. Natürlich ist Catcalling eine

Grenzüberschreitung. Aber genauso ist eine Strafnorm eine Grenzüberschreitung. Beides greift in Grundrechte der jeweils Betroffenen ein. Wir müssen abwägen, was angemessen ist. Etwas unter Strafe zu stellen ist das allerletzte Mittel, das der Staat ergreifen kann. Das bedeutet im Umkehrschluss, dass er zuvor alle anderen Mittel ausgeschöpft haben muss. Brauchen wir also eine Strafbarkeit von Catcalling oder brauchen wir mehr Aufklärung? An Schulen, am Arbeitsplatz, in unserer Kindererziehung? Wenn wir unseren Kindern beibringen, dass dieses Verhalten falsch ist, würde sich dann etwas ändern, ohne dass wir eine neue Strafnorm schaffen müssen?

Hinzu kommt, dass eine neue Strafnorm auch vermehrt Gerichtsprozesse mit sich bringt. Das bedeutet Ermittlungsarbeit der Polizei und der Staatsanwaltschaft. Es bedeutet das Sichern von Beweisen, das Befragen von Zeug:innen und der betroffenen Person und natürlich die Einschätzung der Glaubwürdigkeit der Aussagen. All das sind hohe Hürden, an denen viele Fälle schon scheitern würden, weil es an Beweisen und Zeug:innen fehlt.

Das französische Modell hat hingegen den Vorteil, dass es nicht zu einem Gerichtsprozess kommen muss. Vielmehr kann direkt ein Bußgeld verhängt werden. Dafür sind aber der Strafrahmen und die Möglichkeiten der Bestrafung allgemein sehr viel geringer – möglich ist eben nur ein Bußgeld.

Wie du siehst, ist das Problem komplizierter und umfassender, als es auf den ersten Blick erscheint. Juristische, gesellschaftliche und grundrechtliche Grundsätze müssen bedacht und abgewogen werden. Klar ist aber eines: Wir als Gesellschaft müssen uns fragen, was uns wichtig ist und wie wir die Unsrigen besser und umfassender beschützen können. Ob wir dies in Form einer Strafnorm, einer Ordnungswidrigkeit oder ganz anders tun werden, wird sich noch zeigen.

Anzeigen? Wenn ja, wie?

Selbst wenn du dir keinen großen Erfolg versprichst: Es ist wichtig, jeden Fall von sexualisierter Gewalt anzuzeigen. Denn selbst wenn dabei nichts herauskommen sollte und der:die Täter:in nicht bestraft wird, wird deine Anzeige in offiziellen Statistiken erfasst. Das bedeutet: Je mehr wir anzeigen, desto deutlicher erkennen unsere Institutionen in Justiz und Politik, wie verbreitet diese Grenzüberschreitungen in unserer Gesellschaft sind – und wie alltäglich, einschränkend und belastend sie für Betroffene sind. Und je mehr Fälle Richter:innen entscheiden oder Polizist:innen aufklären müssen, desto mehr Erfahrungen sammeln sie und desto besser kann der Prozess der Anzeige und des Verfahrens für zukünftige Betroffene angepasst werden. Auch wird so Druck auf die Politik ausgeübt, die damit konfrontiert wird, wie viele Bürger:innen von sexualisierter Gewalt und Übergriffigkeiten betroffen sind. Denn bei einer kleinen Anzahl von Anzeigen lässt sich das Problem schnell unter den Teppich kehren. Und nicht zuletzt besteht durch eine Anzeige immer die Möglichkeit, den:die Täter:in davor abzuschrecken, erneut übergriffig zu handeln.

Das sind viele gute Gründe, sexualisierte Übergriffe anzuzeigen, egal, ob du glaubst, damit Erfolg haben zu können. Aber: Es ist immer deine Entscheidung. Du selbst weißt am besten, was dir dabei hilft, mit Belästigung umzugehen. Wenn du lieber keine Anzeige stellen möchtest, ist das absolut in Ordnung!

Falls du einen Übergriff anzeigen möchtest, kannst du auf den nächsten Seiten lesen, wie du dabei vorgehen kannst und was dich erwartet.

Eine Straftat anzeigen kannst du bei allen Polizeidienststellen, bei einer Staatsanwaltschaft oder einem Gericht. Das ist sowohl mündlich als auch schriftlich möglich. Grundsätzlich kannst du dich auf den Seiten der Polizeiberatung dazu informieren, wie eine Anzeige abläuft: www.polizei-beratung.de/opferinformationen. Auch die anonymen und kostenlosen Hilfetelefone im ➔ **Anhang** können dir weiterhelfen.

 Du kannst auch über die Onlinewache der Polizei Anzeige erstatten.

Sollte deine Anzeige vor Gericht gehen, hast du die Möglichkeit, in Form einer Nebenklage am Verfahren teilzunehmen. Dafür brauchst du eine Nebenklagevertretung, also eine:n Anwält:in, der:die dich und deine Rechte und Interessen in dem Prozess vertritt. Normalerweise hat nur der:die Täter:in eine:n Anwält:in; die Nebenklage gibt dir aber die Möglichkeit, dich als betroffene Person ebenfalls vertreten zu lassen. Dabei wacht die Nebenklagevertretung quasi über deine Persönlichkeitsrechte.

Eine:n Fachanwält:in kannst du im Internet finden, aber auch Beratungsstellen und Hilfetelefone können oft an Anwält:innen verweisen, mit denen sie zusammenarbeiten. Wichtig ist dabei, möglichst früh aktiv zu werden und so schnell wie möglich eine Nebenklagevertretung zu finden. Sie kann dir zum Beispiel auch von Anfang an schon beim Erstatten der Anzeige oder bei den polizeilichen Ermittlungsarbeiten zur Seite stehen.

Aber was genau wird in einem Prozess geprüft? Wie du oben gelesen hast, ist das Netz der Sexualdelikte sehr verworren und es hat viel mit dem jeweiligen Einzelfall und seinen Umständen zu tun, ob überhaupt strafrechtlich relevantes Verhalten vorliegt und ob es zu einer Verurteilung kommt. Deshalb müssen das Gericht bzw. die Ermittlungsbehörden neben der Tat auch die Beziehung zwischen dem:der Täter:in und der betroffenen Person genau beleuchten. Das ist einfach, wenn beide sich nicht kennen, wie es bei Catcalling für gewöhnlich der Fall ist. Schwieriger wird es dann, wenn zwischen den beiden eine vorherige Beziehung besteht. In solchen Fällen muss das Gericht untersuchen, wie die beiden zueinander standen und was genau vorgefallen ist, um das Verhalten des:der Täters:in richtig bewerten zu können.

Denn: Das Gericht muss nicht nur entscheiden, ob ein Verhalten strafbar war, sondern auch, welche Strafe angemessen ist. Freiheitsstrafe? Wenn ja, wie lange? Unter welchen Auflagen? Zur Bewährung ausgesetzt? Oder lieber eine Geldstrafe? Wenn ja, wie hoch? Ist ein Ausgleich an die betroffene Person zu zahlen? Gibt es andere Auflagen, die dem:der Täter:in auferlegt werden können? All diese Fragen müssen möglichst gerecht und angemessen entschieden werden. Dafür braucht das Gericht so viel Information wie möglich.

Dabei geht es nicht darum, die betroffene Person zu demütigen oder zu retraumatisieren. Aber natürlich ist es für die betroffene Person trotzdem oft sehr schwierig und belastend, potenziell traumatische Situationen im Gerichtssaal erneut zu durchleben und dort mit fremden Menschen über diese zu sprechen. Wenn die betroffene Person durch die Befragung und die Ermittlungsarbeit immer wieder in die Position eines Opfers gedrückt wird, nennt man das »sekundäre Viktimisierung«. Dabei fühlt sich die betroffene Person machtlos, weil sie selbst keinen Einfluss auf den Verfahrensablauf hat. Auch deshalb kann eine Nebenklagevertretung an deiner Seite hilfreich sein.

Auch wenn es schwierig ist, ist es wichtig, sich ins Gedächtnis zu rufen und zu verstehen, dass die Anwesenden, also Richter:in, Staatsanwält:in und ggf. Nebenklageanwält:in sowie Schöff:innen niemanden demütigen oder bloßstellen wollen, sondern versuchen, eine objektive Wahrheit zu finden, anhand derer sie die oben aufgeworfenen Fragen nach bestem Wissen und Gewissen beantworten können.

Leider sind die Verurteilungsraten sehr niedrig. Oft ist die Beweislage schwierig oder es gibt keine Zeug:innen. Dann steht in einem Prozess »Aussage gegen Aussage«. Entgegen der Vorstellung vieler ist eine Verurteilung auch in solchen Fällen möglich. Dafür muss das Gericht von der Glaubhaftigkeit einer der beiden Aussagen überzeugt sein und die Beweise, die es findet, müssen für die Glaubwürdigkeit dieser Aussage sprechen. Das ist natürlich sehr schwierig, was einer der Gründe für die niedrigen Verurteilungsraten sein könnte. Auch die gesellschaftlichen Vergewaltigungsmythen, von denen du in ➔ **Kapitel 4** gelesen hast, haben Einfluss auf die Verurteilungsraten. Sie erklären vor allem, warum es oft gar nicht erst zu einer Anzeige kommt.

Mehr zu »Aussage gegen Aussage«-Prozessen und den möglichen Gründen für niedrige Verurteilungsraten kannst du in diesem Artikel lesen: Stephan Barton, »Wenn Aussage gegen Aussage steht – Die justizielle Bewältigung von Vergewaltigungsvorwürfen«.

Auch könnte man die geringen Verurteilungsraten dadurch begründen, dass die Betroffenen sich nicht immer »opfertypisch« verhalten. Denn jede:r geht mit sexualisierter Gewalt und Übergriffen anders um. Das Gericht und die Staatsanwaltschaft haben aber ein bestimmtes, gesellschaftlich geprägtes Bild davon, wie sich ein Opfer zu verhalten hat. Tut die betroffene Person dies nicht, zweifelt man an der Glaubwürdigkeit ihrer Aussage. Diese Vorstellung wie auch andere fehlerhafte gesellschaftliche Denkweisen zu sexualisierter Gewalt müssen sich also dringend ändern – und dafür brauchen wir vor allem Aufklärung auf gesamtgesellschaftlicher Ebene.

Aber: Durch den Abschluss des Verfahrens kann für die betroffene Person hoffentlich endlich eine Art Schlussstrich gezogen werden. Natürlich ist damit nichts vergeben und vergessen, aber vielleicht kannst du so besser damit abschließen – selbst wenn es nicht zu einer Verurteilung kommen sollte. Denn es kann schon helfen, nicht untätig zu bleiben!

 Für diesen Beitrag wurden die folgenden Quellen genutzt:

Barton, Stephan. »Wenn Aussage gegen Aussage steht – Die justizielle Bewältigung von Vergewaltigungsvorwürfen.« *Strafrecht Jugendstrafrecht Kriminalprävention in Wissenschaft und Praxis.* Nomos, 2015, S. 41–56.

Bezjak, Garonne. »Reformüberlegungen für ein neues Sexualstrafrecht.« *Zeitschrift für die gesamte Strafrechtswissenschaft,* vol. 130, no. 2, 2018, S. 303–339.

Burkhardt, Sven. *Vergewaltigung als Verbrechen gegen die Menschlichkeit: Sexualisierte Gewalt, Makrokriminalität und Völkerstrafrecht.* LIT, 2005.

European Institute for Gender Equality. »Regulatory and Legal Framework.« *European Institute for Gender Equality,* 2021. www.eige.europa.eu/gender-based-violence/regulatory-and-legal-framework.

Fillion, Stéphanie. »2 Years Later, What We Can Learn From France's Anti-Catcalling Law.« *Forbes Women,* 2021. www.forbes.com/sites/stephaniefillion/2021/01/26/2-years-later-what-we-can-learn-from-frances-anti-catcalling-law.

Fischer, Thomas, Otto Georg Schwarz, Eduard Dreher und Herbert Tröndle. *Beck'scher Kurzkommentar Strafgesetzbuch: Mit Nebengesetzen.* C.H. Beck, 2021.

Greve, Kathrin. *Vergewaltigung als Völkermord.* Nomos, 2008.

Laufhütte, Heinrich Wilhelm, Ruth Rissing-van Saan, und Klaus Tiedemann. *Strafgesetzbuch – Leipziger Kommentar. 6. Band.* De Gruyter Recht, 2010.

Lin, Sin-Min. *Sexuelle Belästigung im Strafrecht.* Logos, 2019.

Renzikowski, Joachim. »Nein!: Das neue Sexualstrafrecht.« *Neue Juristische Wochenschrift,* vol. 69, no. 49, 2016, S. 3553–3558.

Windsberger, Alexandra. »Strafbare Pfiffe?« *Legal Tribune Online,* 2021. www.lto.de/recht/hintergruende/h/catcalling-stgb-strafrecht-sexismus-petition-bgh-ordnungswidrigkeit-frankreich.

Dina von Catcalls of Nürnberg: Das kann unsere Gesellschaft gegen Catcalling tun

Name Dina Davidova
Pronomen sie/ihr
Beschreibung Dina ist 22 Jahre alt, studiert Medizin und hat im Februar 2020 den Account *Catcalls of Nürnberg* gegründet. Sie engagiert sich außerdem im Vorstand von *Chalk Back Deutschland* und ist zudem in der Jugendverbands- und Gremienarbeit aktiv. Dort setzt sie sich vor allem für eine intersektional-feministische Perspektive ein.

Die *Chalk-Back*-Bewegung wird oft mit einer Petition für die Strafbarkeit von Catcalling in Verbindung gebracht, die 2020 von vielen Menschen unterschrieben wurde. Auch viele unserer Accounts haben diese Petition geteilt, denn wir wünschen uns, dass dieses Verhalten gesellschaftlich als Problem gesehen und nicht länger als »Kompliment« verharmlost wird.

Wäre Catcalling strafbar, hätte das eine starke Signalwirkung: Es würde zeigen, dass unsere Gesellschaft auch verbale sexualisierte Belästigung nicht akzeptiert und diese nicht länger still hinnimmt. Für Betroffene würde es bedeuten, dass die Herabwürdigung, die sie durch Catcalling erfahren, und die Einschränkungen, die sie auf sich nehmen, um Belästigung aus dem Weg zu gehen, gesellschaftlich ernst genommen werden. Sie wären damit nicht länger allein.

Nicht zuletzt würde die Strafbarkeit von Catcalling Betroffenen endlich eine klare Rechtslage bieten. Wie du im vorherigen Teil dieses Kapitels gelesen hast, ist das momentan nicht der Fall. Dazu kommt: Wenn verbale Belästigung unter einem eigenen Paragrafen angezeigt werden könnte, ließen sich die Fälle in den Statistiken besser erfassen, sodass ersichtlich würde, wie viele Menschen davon betroffen sind. Die Strafbarkeit von Catcalling könnte also mehr Licht in dieses Dunkelfeld bringen. Aber was sagen die Betroffenen? Würden sie sich im öffentlichen Raum sicherer fühlen, wenn Catcalling strafbar wäre?

Vielleicht. Ich bin mir nicht sicher, weil es so schwer nachweisbar wäre.

Ja, und ich würde mich eher mitteilen, anstatt mich nur zu schämen.

Nein, andere Formen des sexuellen Übergriffs sind auch strafbar und das ändert gar nichts.

Nicht sicherer, sondern selbstsicherer. Ich könnte dann mehr als »unangebracht« dazu sagen.

Geht so, die Rate für Verurteilungen wäre auch da sicherlich gering.

Es wäre ein Schritt in die richtige Richtung, aber ich denke nicht, dass Catcalling dadurch beendet wird. Unabhängig davon, ob es rechtlich erlaubt ist, gibt es Täter.

Definitiv, man könnte sicher sein, dass man Unterstützung von der Polizei bekommt, was ja nicht gerade selbstverständlich ist.

Leider nicht. Ich glaube, die strafrechtliche Verfolgung wäre vielen zu schwierig und langwierig.

Eine aktuelle Studie des Kriminologischen
Forschungsinstituts Niedersachsen
hat die Teilnehmer:innen befragt,
ob Catcalling geahndet werden sollte — und wie.

Die erste Frage beantwortete eine Mehrheit von **84%** mit »**Ja**«.

Hier war jedoch ein
großer Geschlechterunterschied erkennbar:

85,5 % der weiblichen
und
81,5 % der diversgeschlechtlichen Befragten
äußerten ihre Zustimmung
zur Strafbarkeit von Catcalling.

Unter den männlichen Befragten
waren es nur 57,5 %.

Die Frage, wie Catcalling geahndet werden sollte,
wurde deutlich weniger einheitlich beantwortet:

So fanden **59,7%** der Befragten eine Geldbuße durch eine Behörde

und **22%** eine Geldstrafe nach Verurteilung durch ein Gericht geeignet.

6% befürworteten eine Freiheitsstrafe nach Verurteilung durch ein Gericht.

Weitere **12,4%** machten andere Vorschläge, darunter zum Beispiel
die Teilnahme an einer Psychotherapie oder an Sensibilisierungskursen zur Perspektive
von Betroffenen oder zu kritischer Männlichkeit, das Leisten von Sozialstunden,
eine Entschädigungszahlung oder Schmerzensgeld an die betroffene Person oder
Spenden an feministische Organisationen.

In Verbindung mit Strafmaßnahmen, die zur Aufklärung von Täter:innen beitragen, wie zum Beispiel den genannten Sensibilisierungskursen, hätte die Strafbarkeit von Catcalling nicht nur eine Signalwirkung – sie könnte langfristig konkret zu einem gesellschaftlichen Umdenken beitragen. Aber wie du im ersten Teil dieses Kapitels gelesen hast, sind staatliche Strafen immer erst das allerletzte Mittel. Außerdem stellt sich die Frage, ob potenzielle Täter:innen nicht lieber sensibilisiert werden sollten, *bevor* sie andere Menschen belästigen.

Am besten sollte eine gesamtgesellschaftliche Aufklärung zu dem Thema stattfinden – möglichst, bevor die Strafbarkeit von Catcalling eingeführt wird. Denn wie du in ⟶ **Kapitel 9** lesen konntest, werden oft bestimmte Personengruppen für Belästigung im öffentlichen Raum verantwortlich gemacht. Rassistische Denkweisen und Vorurteile gegenüber Menschen mit Migrationsgeschichte werden nicht nur in den Instagram-Kommentaren auf den *Chalk Back* Accounts geäußert. Spätestens seit der Silvesternacht 2015 in Köln finden sich solche hetzenden Aussagen auch im öffentlichen Diskurs zu sexualisierter Gewalt. Es ist kein Zufall, dass die Reform des Sexualstrafrechts 2016 erfolgte. Ihre Notwendigkeit wurde von manchen mit einer angeblichen Gefährdung durch Menschen mit Migrationsgeschichte begründet – als seien sexualisierte Übergriffe in Deutschland zuvor kaum vorgefallen.

Daher sorgen wir uns als intersektionale Feminist:innen, dass die Strafbarkeit von Catcalling dazu führen würde, dass Menschen mit Migrationsgeschichte und nicht deutsch gelesene Menschen zunehmend diskriminiert und expliziter verfolgt und bestraft würden, während bei deutsch gelesenen Menschen ein Auge zugedrückt würde, »weil's ja nicht so schlimm war und niemand zu Schaden gekommen ist«. Diese Ungleichbehandlung durch staatliche Institutionen wie zum Beispiel die Polizei nennt sich Racial Profiling. Sie äußert sich zum Beispiel in der vermehrten Kontrolle von bestimmten Personengruppen. Diese Form des alltäglichen Rassismus existiert bereits – und eine Strafnorm für ein Verhalten, das häufig Menschen mit Migrationsgeschichte zugeschrieben wird, würde diese Strukturen verstärken. Daher sollte neben einer gesamtgesellschaftlichen Aufklärung vor allem auch eine Sensibilisierung aufseiten der verfolgenden Behörden, zum Beispiel von Polizeibeamt:innen, stattfinden.

Dazu kommt noch das Problem, dass sich praktisch gesehen vermutlich nicht viel ändern würde, wenn verbale sexualisierte Belästigung strafbar würde. Denn: Auch körperliche sexuelle Übergriffe werden derzeit kaum angezeigt und können oft aufgrund fehlender Beweise oder Zeug:innen nicht weiterverfolgt werden. Und selbst wenn sie angezeigt und strafrechtlich verfolgt werden, kommt es nur selten dazu, dass Täter:innen von Sexualstraftaten verurteilt werden. Warum sollte das also bei verbaler sexualisierter Belästigung anders sein?

Was wir also wirklich brauchen, ist ein gesellschaftliches Umdenken – ein Anerkennen, dass sexualisierte Übergriffe keine Kavaliersdelikte oder Schuld der Betroffenen sind, sondern belastende, potenziell traumatisierende und für viele Betroffene alltägliche Erfahrungen.

Zu diesem Ergebnis kommt auch die Studie des KFN: Sie stellt abschließend fest, dass Catcalling nicht als Kompliment oder missglückter Flirtversuch verharmlost werden sollte, da es sich dabei um ein sozialschädliches Problem handelt, von dem viele Menschen betroffen sind und das verschiedene Folgen mit sich bringt. So können die Betroffenen nur mit Schwierigkeit ein eigenverantwortliches und selbstbestimmtes Verhältnis zur eigenen Sexualität entwickeln, wenn sie bereits in sehr jungem Alter im öffentlichen Raum objektifiziert, sexualisiert und herabgewürdigt werden. Und auch in ihrer alltäglichen Lebensgestaltung sehen sich die Betroffenen durch Catcalling eingeschränkt.

Die Studie kommt zu dem Ergebnis, dass die Frage zur Strafbarkeit nicht abschließend beantwortet werden kann. Sie betont aber, dass sich sexistische Denkweisen in unserer Gesellschaft halten und sich vor allem auch dadurch zeigen, dass Catcalling von manchen Menschen nicht als moralisch inakzeptabel empfunden wird. Um also gegen sexistische gesellschaftliche Denkweisen vorzugehen, empfiehlt die Studie schlussfolgernd Maßnahmen und Ansätze zur gesamtgesellschaftlichen Aufklärung und Sensibilisierung sowie zur Unterstützung von Betroffenen und für mehr Sicherheit in Städten.

Gleichberechtigung aller Geschlechter

Die Studie hält fest, dass das Thema Catcalling deutlich aufzeigt, dass wir nicht in einer Gesellschaft leben, in der alle Geschlechter gleichberechtigt sind. Denn: Dieses Verhalten macht deutlich, dass die Geschlechter sich auf sexueller Ebene nicht gleichberechtigt begegnen. In ➔ **Kapitel 2** hast du gelesen, dass Catcalling als cis männliches Dominanzverhalten verstanden werden kann. Das bestätigt auch die Studie des KFN: Bei sexualisierter Belästigung im öffentlichen Raum üben die mit 97,2 % meist männlich gelesenen Täter Macht über andere Menschen – meist FLINTA*-Personen – aus, indem sie sie objektifizieren, sexualisieren und herabwürdigen. Dieses Machtverhalten ist dabei nicht rein demonstrativ, sondern hat konkrete Auswirkungen: Es führt dazu, dass die betroffenen Personen sich auf öffentlichen Straßen und Plätzen weniger sicher fühlen.

Was wir also ganz grundsätzlich brauchen, so die Studie, sind politische Maßnahmen, um die Gleichberechtigung der

Geschlechter zu stärken und voranzubringen. Vor allem sollten politische Entscheidungsträger:innen darauf hinwirken, dass gesamtgesellschaftlich zu Catcalling aufgeklärt und dieses Verhalten nicht weiter verharmlost, sondern problematisiert wird. Auch sollten Täter:innen sensibilisiert werden, um sexualisierter Belästigung nicht nur kurzfristig durch Strafmaßnahmen, sondern langfristig durch ein gesellschaftliches Umdenken entgegenzuwirken.

 Männer müssen andere Männer für ihr falsches Verhalten zurechtweisen – nicht nur Frauen.

Gesellschaftliche Aufklärung

Diese Aufklärung zu Catcalling, nicht nur aufseiten von Täter:innen, sondern auf gesamtgesellschaftlicher Ebene, ist deshalb notwendig, da vielen Catcallenden der Studie des KFN zufolge nicht bewusst ist, welche Auswirkungen ihr Verhalten auf die betroffene Person hat und wie sie ihr damit Schaden zufügen. Die Studie schlägt verschiedene Aufklärungsaktionen im öffentlichen Raum vor und nennt als Beispiel unter anderem auch das #Ankreiden der *Chalk Back* Accounts als empfohlene Maßnahme, um auf das Problem aufmerksam zu machen.

Als Orte, an denen zu sexualisierter Belästigung im öffentlichen Raum aufgeklärt werden sollte, nennt die Studie öffentliche Verkehrsmittel, Universitäten, Fitnessstudios, Bahnhöfe, Bars und Kneipen sowie Discos und Clubs. Gestaltet werden könnte diese Aufklärung zum Beispiel in Form von Anzeigen mit Slogans wie »›Geile Titten‹ ist kein Kompliment«, »Hinterherpfeifen ist belästigend« oder »Nein heißt Nein«. Die Studie schlägt vor, diese Anzeigen zum Beispiel in Eingangsbereichen, an Wänden in Gängen oder auch auf Toiletten zu platzieren.

Auch könnten Anzeigen über das Radio geschaltet werden mit Slogans wie »Mich aus dem Auto anzuhupen ist belästigend«.

Wir würden uns außerdem wünschen, dass an Schulen zu Themen wie Einverständnis und sexueller Selbstbestimmung aufgeklärt wird. Weniger explizit könnten diese Konzepte auch schon früher besprochen werden, da vor allem Mädchen so sozialisiert werden, dass sie kaum eigene Grenzen aufzeigen. Stattdessen lernen sie, Situationen zu deeskalieren, indem sie sie weglächeln. Ein grundsätzliches Verständnis von Selbstbestimmung sollte also auch schon bei jüngeren Kindern geschaffen werden, um sie in ihrer Selbstbehauptung zu bestärken.

Mit älteren Schüler:innen sollte außerdem über Objektifizierung und Sexualisierung gesprochen werden, um zu erklären, warum es sich bei diesen Verhaltensweisen um Herabwürdigung und nicht um Wertschätzung handelt. Wenn wir offen über diese Themen sprechen und miteinander teilen, was wir als Kompliment verstehen, was nicht und wieso, können wir mehr Verständnis und Respekt im Umgang miteinander schaffen. Und nicht zuletzt würde ein offener gesellschaftlicher Diskurs bei schambehafteten Themen Betroffene darin bestärken, sich mitzuteilen und Unterstützung zu finden.

Das finden auch viele der Follower:innen von *Catcalls of Berlin.* Als Antwort auf die Frage, wie wir gesellschaftlich gegen Catcalling vorgehen können, schreiben sie:

Die neuen Generationen besser aufklären und erziehen.

Kindern früh klare Grenzen vermitteln und ihnen sichere Räume zum Reden geben.

In Schulen Jugendliche sensibilisieren und junge Frauen darin bestärken, sich mitzuteilen.

Sensibilisierung von Polizeibeamt:innen

Viele von Catcalling Betroffene haben wenig Vertrauen in die Polizei und erwarten nicht, dass sie von Polizeibeamt:innen Unterstützung erfahren würden, wenn sie durch Catcalling belästigt werden.

Die Studie des KFN befragte die Teilnehmer:innen dazu, ob sie sich bereits wegen Catcalling an die Polizei gewandt hätten.

Als Grund, warum sie nicht zur Polizei gegangen seien, gaben 59,8 % an, dass sie keine Beweise hatten.

32,4 % wussten nicht, an wen sie sich hätten wenden können.

Dies bejahten nur 5% der Befragten.

63,8 % nannten als Grund, dass sich dadurch nichts ändern würde.

Und 45 % äußerten die Sorge, nicht richtig behandelt oder ernst genommen zu werden.

49,5 % der Befragten gaben als Grund an, dass Catcalling eine alltägliche Erfahrung sei.

Dieses Misstrauen teilen auch die Follower:innen von *Catcalls of Berlin*. Auf die Frage, ob sie sich im Fall einer Strafbarkeit von Catcalling an die Polizei wenden würden, antworten sie:

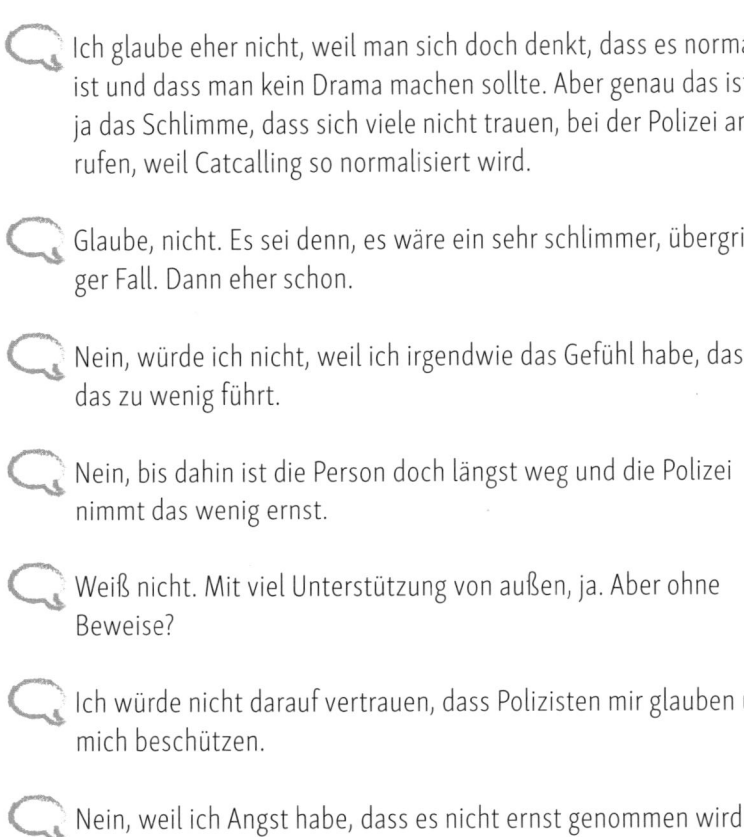

Ich glaube eher nicht, weil man sich doch denkt, dass es normal ist und dass man kein Drama machen sollte. Aber genau das ist ja das Schlimme, dass sich viele nicht trauen, bei der Polizei anzurufen, weil Catcalling so normalisiert wird.

Glaube, nicht. Es sei denn, es wäre ein sehr schlimmer, übergriffiger Fall. Dann eher schon.

Nein, würde ich nicht, weil ich irgendwie das Gefühl habe, dass das zu wenig führt.

Nein, bis dahin ist die Person doch längst weg und die Polizei nimmt das wenig ernst.

Weiß nicht. Mit viel Unterstützung von außen, ja. Aber ohne Beweise?

Ich würde nicht darauf vertrauen, dass Polizisten mir glauben und mich beschützen.

Nein, weil ich Angst habe, dass es nicht ernst genommen wird.

Dass diese Sorge auch nicht unbegründet ist, weiß eine Followerin von *Catcalls of Berlin*. Sie berichtet:

»Ich habe einmal mit einem Polizisten über das Problem gesprochen und ihn gefragt, wie ich im Fall einer Belästigung am besten handeln soll und wann ich es zur Anzeige bringen kann. Der Polizist meinte nur schulterzuckend, es gäbe halt ein paar komische Menschen und was solle man machen. Das hat mich unfassbar wütend gemacht.«

Von den 5% der Befragten, die sich wegen Catcalling an die Polizei gewandt hatten, gaben nur 18,5% an, dass sie dort UNTERSTÜTZUNG erfahren hätten.

Weiteren 38,4% konnten die Polizeibeamt:innen NICHT HELFEN.

Diese frustrierende Erfahrung bestätigt auch die Studie des KFN

36,3% gaben an, dass sie von ihnen NICHT ERNST GENOMMEN wurden.

20,5% der Befragten berichteten sogar, dass die Polizei versucht habe, sie ABZUWIMMELN.

Darüber hinaus machten Betroffene auch die Erfahrung, dass Polizeibeamt:innen ihnen die Schuld an Catcalling gaben, sie belächelten oder ihnen sagten, sie sollen die Belästigung doch als Kompliment sehen.

Solange verbale sexualisierte Belästigung keinen eigenen Straftatbestand darstellt, werden Betroffene natürlich nicht die Erfahrungen mit der Polizei machen, die sie sich eigentlich wünschen. Dennoch zeigt sich sehr deutlich, wie viele Betroffene negative Erfahrungen machen, wenn sie sich wegen Catcalling an die Polizei wenden. Daraus leitet die Studie des KFN die Handlungsempfehlung ab, dass die Polizei Betroffenen Unterstützung anbieten sollte, auch wenn viele Catcalling-Erfahrungen (noch) nicht strafbar sind. Möglich wäre dies zum Beispiel in Form von Informationen zu Beratungsangeboten und Hilfe-Hotlines sowie Ratschlägen dazu, wie man in Belästigungssituationen reagieren kann. Vor allem aber müssten Polizeibeamt:innen dahin gehend geschult und sensibilisiert werden, dass sie sowohl verbale als auch körperliche sexualisierte Belästigung nicht verharmlosen und Betroffene ernst nehmen.

In Hannover hat die Polizei das Team von *Catcalls of Hannover* um eine Liste der Orte gebeten, an denen Catcalling vermehrt stattfindet, um dort mehr Präsenz zeigen zu können. So soll Belästigung entgegengewirkt werden.

Sichere Städte

Auch für Städte gibt die Studie des KFN Empfehlungen, um zur gesellschaftlichen Aufklärung zu Catcalling beizutragen und mehr Sicherheit für vulnerable Gruppen zu schaffen. So könnten Städte an den Orten, an denen Catcalling vermehrt stattfindet, zu diesem Verhalten aufklären, zum Beispiel mithilfe der oben genannten Anzeigen. Das Problem würde so nicht weiter normalisiert und verharmlost, sondern anerkannt – und Betroffene würden ernst genommen und unterstützt.

Catcalling is OVER in HannOVER: In Zusammenarbeit mit *Catcalls of Hannover* hat die Partei DIE PARTEI einen Antrag gestellt, verbale sexualisierte Belästigung im öffentlichen Raum in Hannover zu einer Ordnungswidrigkeit zu erklären. Dies ist leider nicht möglich; stattdessen möchte die Stadt aber Maßnahmen zur Aufklärung erarbeiten sowie den städtischen Ordnungsdienst und gegebenenfalls die Polizeidirektion Hannover zu dem Thema sensibilisieren und schulen. Zudem soll sich die Stadtverwaltung auf dem Deutschen Städtetag für die Ahndung von Catcalling als Ordnungswidrigkeit einsetzen.

Des Weiteren könnten Städte auch konkret für mehr Sicherheit sorgen, indem sie die Beleuchtung an öffentlichen Straßen und Plätzen verbessern, vor allem dort, wo Catcalling vermehrt stattfindet. Auch in öffentlichen Verkehrsmitteln kann zur Sicherheit von vulnerablen Gruppen beigetragen werden, indem dort zum Beispiel durch Aushänge zu Catcalling informiert wird. So könnten Hinweise dazu gegeben werden, wie betroffene Personen sich in Belästigungssituationen verhalten und nicht betroffene Personen in diese eingreifen können.

Zudem sollten ÖPNV-Fahrer:innen dahingehend geschult werden, Belästigungssituationen zu erkennen und die betroffenen Personen zu unterstützen, ohne dass diese um Hilfe bitten müssen, was für viele eine Hemmschwelle darstellt. Und nicht zuletzt würden auch flexible Stopps auf Busrouten dazu beitragen, dass vulnerable Gruppen vor allem bei Dunkelheit sicher nach Hause kommen.

Wie einfache und kostengünstige Maßnahmen für mehr Sicherheit sorgen, zeigt die Stadt Nürnberg: So wurde die Königstorpassage, ein Ort, an dem sich viele Passant:innen unsicher fühlten, mit 100 zusätzlichen LED-Strahlern besser beleuchtet. Seither ist die Anzahl der Straftaten in der Königstorpassage und im Umfeld innerhalb von drei Jahren um fast 40 % gesunken und das Sicherheitsgefühl der Bürger:innen gestiegen.

Unterstützung von Betroffenen

Auch zur Stärkung von Betroffenen gibt die Studie des KFN Empfehlungen. So zeigen die Ergebnisse, dass Betroffene mit einem höheren Selbstwertgefühl weniger an Catcalling leiden und andere Strategien im Umgang damit verwenden. Sie machen zum Beispiel dem:der Täter:in gegenüber deutlich, dass sie sich belästigt fühlen, oder ignorieren die Situation, ohne später darüber nachdenken zu müssen. Daraus schließt die Studie, dass gerade junge Betroffene in ihrem Selbstwertgefühl gestärkt werden sollten, um ihren Standpunkt zu vertreten. Wir würden uns hierfür kostenlose Selbstbehauptungs- und Selbstverteidigungskurse wünschen.

Die Ergebnisse der Studie zeigen außerdem, dass mit 80 % die Mehrheit der Betroffenen nach Belästigungssituationen Gesprächsbedarf dazu hat. Hier empfiehlt die Studie eine Hilfe-Hotline oder telefonische Beratung, an die sich Betroffene wenden können. Neben Aufklärung zu Victim Blaming und Ratschlägen zum Umgang mit dem Erlebten sollte eine solche Hotline auch an andere Stellen verweisen können, wenn die Betroffenen Beratung zu rechtlichen Maßnahmen wünschen.

Wir können alle etwas tun

Als Gesellschaft können und sollten wir neben der Strafbarkeit von Catcalling einiges tun, um Betroffene zu unterstützen, auf das Problem aufmerksam zu machen, und einen respektvollen Umgang miteinander sowie mehr Sicherheit im öffentlichen Raum zu schaffen.

Aber auch als Einzelpersonen können und sollten wir etwas tun: Wir sollten immer dafür offen sein, ständig weiterzulernen und unsere eigenen sexistischen, rassistischen und allgemein diskriminierenden Denkweisen zu hinterfragen. Wir sollten problematische Verhaltensweisen nicht tolerieren, sondern laut und deutlich ablehnen. Nur so können wir diese gesellschaftlichen Strukturen langfristig verändern.

Und es gibt noch etwas, womit jede:r Einzelne von uns wirklich etwas bewirken kann: Wenn jemand belästigt wird, sollten wir nicht wegschauen, sondern Zivilcourage zeigen und der betroffenen Person unsere Hilfe anbieten. So können wir unseren Mitmenschen zeigen, dass wir dieses Verhalten nicht stillschweigend hinnehmen, sondern füreinander einstehen.

Wünsche für die Zukunft

Sophie von *Catcalls of NYC*: »*Ich wünsche mir für die Zukunft, dass alle Menschen sich im öffentlichen Raum wohlfühlen und dass wir durch unseren Einsatz gegen Catcalling eine Welt schaffen können, in der sich alle mehr umeinander kümmern und aufeinander achten.*«

 Catcalling als Ordnungswidrigkeit

Rosalía von *Catcalls of Dominican Republic*: »*Ich träume von einer Zukunft, in der sexualisierte Belästigung im öffentlichen Raum nicht mehr normalisiert wird und es in jedem Land ein Gesetz gegen jede Form von Catcalling gibt.*«

 Kostenlose oder erschwingliche Selbstverteidigungskurse

Leo von *Catcalls of Hagen*: »*Ich würde mir wünschen, dass unsere Gesellschaft Catcalling nicht mehr gleichgültig gegenübersteht und dieses Verhalten nicht länger toleriert, sodass sexualisierte Belästigung im öffentlichen Raum und überall anders so schnell wie möglich der Vergangenheit angehört!*«

 Coaching zu Belästigungssituationen

Lisanne von *Catcalls of Hannover*: »*Für die Zukunft wünsche ich mir, dass Catcalling als das Problem anerkannt wird, das es tatsächlich ist, denn in vielen Kreisen werden Catcalls als Komplimente abgetan, die sie definitiv nicht sind. Ich wünsche mir außerdem eine ausführliche und diverse Studie zum Thema Catcalling in Deutschland und auf der Welt sowie Aufklärung an Schulen, damit Kindern Selbstbewusstsein und das Akzeptieren der Grenzen von anderen beigebracht werden.*«

Beratung zu Anzeigen

Ingy von *Catcalls of Berlin*: »Für die Zukunft wünsche ich mir eine Gesellschaft, in der Catcalling und sexualisierte Gewalt nicht länger normalisiert und stattdessen als Problem erkannt werden. Denn Normalisierung trägt zur Gewalt gegen FLINTA*-Personen bei. Ich wünsche mir, dass der öffentliche Raum sicher sein wird und dass niemand mit Pfefferspray, Schlüsseln zwischen den Fingern oder einer Warnpfeife laufen muss und dass Victim Blaming kein Thema mehr ist.

Ich wünsche mir, dass Menschen mehr Solidarität zeigen und füreinander einstehen und dass wir unsere Gesellschaft darin bestärken und empowern können, Belästigung zu erkennen und darauf zu reagieren. Vor allem wünsche ich mir, dass wir Kinder und Jugendliche schon früh diesbezüglich aufklären.

Und ich wünsche mir, dass wir irgendwann Einsendungen bekommen, die von schönen Erfahrungen statt von Catcalling berichten.«

Hilfe bei der Aufarbeitung von Erlebtem

Alex von *Catcalls of Hagen*: »Ich wünsche mir, dass jeder Mensch nicht nur gehört, sondern auch gesehen wird! Dass Belästigung durch Catcalling nicht mehr totgeschwiegen und jede:r gleich behandelt wird – unabhängig von Geschlecht, Identität, Religion, Nationalität oder irgendwelchen anderen Faktoren.«

Unterstützung durch die Polizei und Ernstnehmen des Problems

Linnea von *Catcalls of Karlsruhe*: »Mein Wunsch ist es, dass wir den öffentlichen Raum zugänglicher und sicherer machen für FLINTA*-Personen, Menschen mit Behinderung, People of Colour und Menschen mit Migrationsgeschichte. Wir müssen über Catcalling sprechen, damit sich niemand mehr schämen oder das Gefühl haben muss, mit

Belästigung und Diskriminierung allein zu sein. Eine rechtliche Lösung, zum Beispiel Catcalling als Ordnungswidrigkeit, würde signalisieren: Hier ist kein Platz für Belästigung – und dieses Verhalten hat Konsequenzen.«

 Aufnahme von Catcalling ins StGB

Maresa von *Catcalls of Cologne: »Ich wünsche mir, dass wir uns weltweit im öffentlichen Raum wohl und sicher fühlen können. Dass Catcalling endlich ernst genommen und nicht weiter relativiert wird mit Worten wie: ›Stell dich doch nicht so an‹ oder: ›Das ist doch nur ein Kompliment!‹ Ich wünsche mir, dass kein Slut Shaming mehr betrieben und uns nicht mehr die Schuld an verbalen oder körperlichen Übergriffen gegeben wird.*

Wir müssen gemeinsam laut sein und gegen Belästigung jeglicher Art ankämpfen – zusammen mit Männern, die uns bei diesem Kampf unterstützen und uns den Rücken stärken. Männer, die sexistisches und übergriffiges Verhalten ihrer Kollegen und Freunde nicht dulden, sondern sie darauf hinweisen. Und zu guter Letzt: Wir brauchen Solidarität unter Betroffenen. Denn nur so kommen wir weiter, nur das macht uns stark und zeigt allen anderen: Wir sind selbstbestimmt und wir schaffen Veränderung!«

 Unterstützung von Umstehenden bei Catcalling

Franzi von *Catcalls of Bonn: »Ich würde mir wünschen, dass in der Gesellschaft erkannt wird, dass das Problem Catcalling nicht allein deswegen besteht, weil es Menschen gibt, die andere Menschen belästigen. Sondern dass dahinter Systeme liegen wie das Patriarchat und der Kapitalismus, die Dinge wie sexuelle Belästigung erst hervorbringen und begünstigen. Es gibt keine individuellen Einzelfälle und es reicht nicht, die Symptome zu lindern. Wir müssen gegen das System*

ankämpfen, das seit Jahrhunderten vor allem Frauen und andere Randgruppen unterdrückt. Ich fände es schön, wenn Menschen Gedanken bezüglich dieses Themas auch zu Ende denken. Also nicht nur: ›Catcalling ist schlecht und muss bestraft werden!‹ Sondern eben auch: Was steckt eigentlich dahinter? Wo müssen wir ansetzen? Was muss sich verändern?«

 Aufklärung von Nichtbetroffenen zu Catcalling

Aylin von Catcalls of Augsburg: »Ich wünsche mir und arbeite für eine Welt ohne patriarchalische, rassistische und faschistische Strukturen. Deshalb ist die Vernetzung von Menschen, die von unterschiedlichen Arten an Marginalisierung betroffen sind, für mich wahnsinnig wichtig. Denn wenn die Welt sexismusfrei wäre, dann wäre ich selbst zum Beispiel noch immer von Rassismus und Queerfeindlichkeit betroffen. Also: Seht einander, hört einander zu. Vernetzt euch, arbeitet zusammen!«

 Gesellschaftliche Unterstützung von Betroffenen

Farah von Catcalls of London: »In der Zukunft sollen junge Mädchen ohne Angst aufwachsen können. Sie sollen öffentliche Räume frei von Bemerkungen, männlichem Anspruchsdenken und Gewalt erleben können. Ich wünsche mir eine Zukunft, in der unsere Bildungssysteme den Schwerpunkt auf emotionale Intelligenz, den Aufbau von Empathie und stärkere Verbindungen legen. Ich bin der festen Überzeugung, dass Bildung der Schlüssel zu einem echten, nachhaltigen Wandel ist.«

 Thematisierung von Catcalling an Schulen

Lucie von *Catcalls of Hannover:* »*Zukünftig wünsche ich mir, dass sich Regierung, Parlament und Justiz vermehrt mit sexualisierter Belästigung im öffentlichen Raum auseinandersetzen. Meiner Meinung nach wäre insbesondere eine Einordnung von verbaler sexueller Belästigung als Ordnungswidrigkeit wünschenswert. Ein gesamtgesellschaftliches Umdenken und ein generationsübergreifender Wandel hin zu einer gleichberechtigten Gesellschaft ist natürlich ein Zukunftstraum; ich denke aber, dass wir uns kleinere Ziele stecken müssen und nicht erwarten können, dass sich von heute auf morgen alles ändert. Generationen von FLINTA*-Personen vor uns haben uns hierhergebracht und es ist unser Ziel, einen Teil beizutragen und auf einige der Missstände, die wir sehen und leben, aufmerksam zu machen.*«

 Gesellschaftliches Anerkennen und Ernstnehmen von Catcalling

Dina von *Catcalls of Nürnberg:* »*Ich wünsche mir, dass sich gesamtgesellschaftlich ein Bewusstsein für Catcalling und die zugrunde liegenden Strukturen entwickelt. Denn nur, wenn wir die Hintergründe kennen, können wir etwas verändern und verbessern.*«

 Respekt

Hannah von *Catcalls of Berlin:* »*Ich wünsche mir, dass wir einander im öffentlichen Raum und überall anders mit Respekt begegnen und nicht wegschauen, wenn andere Menschen unsere Unterstützung brauchen – sowohl als Einzelperson als auch als Gesellschaft. Wir müssen daran arbeiten, diskriminierende Strukturen aufzubrechen, sodass wir auf lange Sicht in einer Gesellschaft zusammenleben können, in der alle Menschen dieselben Freiheiten, Möglichkeiten, Rechte, denselben Respekt und dieselbe Selbstbestimmung haben.*«

Diskussionsfragen

Auch, wenn es nicht leicht ist, ist es wichtig, über Belästigung zu sprechen. In ➤ **Kapitel 6** konntest du bereits lesen, wie du ein solches Gespräch beginnen kannst. Die unten stehenden Fragen sollen dir dabei helfen, vor allem dann, wenn du in einer Gruppe über Catcalling sprichst.

- Hast du Catcalling auch schon mal erlebt?
- Falls ja – wie alt warst du bei deinem ersten Catcall?
- Was sind deine Gedanken zu Catcalling?

- Fühlst du dich im öffentlichen Raum im Allgemeinen sicher? Warum? Warum nicht?
- Was ist für dich ein Kompliment? Was nicht?
- Wie würdest du gerne angesprochen werden? Wie nicht? Und warum?

- Welche Glaubenssätze zu Catcalling hast du schon mal gehört?
- Hast du bereits mitbekommen, dass Belästigung heruntergespielt und verharmlost wurde? Was waren deine Gedanken dazu?
- Hast du schon mal erlebt, dass dir jemand die Schuld an Catcalling gegeben hat? Wie hast du dich dabei gefühlt?
- Hast du dir schon mal selbst die Schuld daran gegeben?
- Warum ist es so gefährlich, Catcalling zu verharmlosen oder Betroffenen die Schuld zu geben? Wozu führt es? Was geht dabei unter?
- Warum ist Purity Culture so gefährlich? Welche »Regeln« stellt sie auf?

- Wie fühlst du dich bei einem Catcall?
- Warum verletzt dich ein Catcall? Was trifft er bei dir?
- Hast du schon mal auf einen Catcall reagiert? Wie? Hat das geholfen?
- Was würdest du dir von Umstehenden wünschen, wenn du belästigt wirst?
- Wenn du selbst nicht von Catcalling betroffen bist: Fällt es dir schwer, an Gesprächen dazu teilzunehmen? Warum? Warum nicht?

- Was sind deine Gedanken zu den vielen Beispielen für unterschiedlich diskriminierende Catcalls?

- Findest du, dass Catcalling strafbar sein sollte? Warum? Warum nicht?
- Was sollte unsere Gesellschaft noch tun, um gegen Catcalling vorzugehen?
- Was bräuchtest du von unserer Gesellschaft, um dich unterstützt zu fühlen?

Ressourcen und Hilfestellen

Wenn du Unterstützung brauchst, trau dich, darum zu bitten! Genau dafür sind die unten stehenden Hilfsangebote da. Du bist nicht allein.

Unterstützung unterwegs

Heimwegtelefon: 030 1207 4182

Das Heimwegtelefon kannst du zum Festnetzpreis anrufen, wenn du nachts unterwegs bist. Ein:e Ehrenamtliche:r begleitet dich dann telefonisch nach Hause und kann im Notfall die Polizei verständigen.

Die Zeiten, zu denen das Heimwegtelefon erreichbar ist, sowie weitere Informationen findest du auf **www.heimwegtelefon.net**.

KommGutHeim

Mit der kostenlosen KommGutHeim-App können Freund:innen und Familienmitglieder deinen Weg live verfolgen. So kann im Notfall schnell Hilfe angefordert werden.

Die App KommGutHeim gibt es für iOS im App Store und für Android auf Google Play. Weitere Informationen findest du auf **www.arrivesafe.app**.

WayGuard

Über die kostenlose App kannst du dich von Freund:innen und Familienmitgliedern oder dem Team WayGuard virtuell und telefonisch begleiten lassen. Die App überträgt deine Position live, sodass dir im Notfall schnell geholfen werden kann.

Die App WayGuard gibt es für iOS im App Store und für Android auf Google Play. Weitere Informationen findest du auf **www.wayguard.de**.

Hilfsangebote für Betroffene von sexualisierter Belästigung und Gewalt

Hilfetelefon Sexueller Missbrauch an Kindern und Jugendlichen: 0800 22 55 530

Beim Hilfetelefon Sexueller Missbrauch an Kindern und Jugendlichen kannst du dich telefonisch oder online beraten lassen. Auch wenn du nicht selbst betroffen bist, kannst du anrufen oder online Kontakt aufnehmen. Das Unterstützungsangebot ist kostenlos und anonym.

Die aktuellen Sprechzeiten, Beratungsangebote in deiner Nähe sowie weitere Informationen findest du auf **www.hilfe-portal-missbrauch.de**.

Dunkelziffer: 040 4210 700 10

Das Beratungsangebot richtet sich an Mädchen und Jungen, die sexuelle Gewalt erfahren haben. Auch als Vertrauensperson kannst du anrufen oder online Kontakt aufnehmen. Du kannst dich telefonisch zum Festnetzpreis oder online beraten lassen. Das Unterstützungsangebot ist kostenlos.

Die aktuellen Sprechzeiten sowie weitere Informationen findest du auf **www.dunkelziffer.de**.

Hilfetelefon Gewalt gegen Frauen: 0800 011 6016

Beim Hilfetelefon Gewalt gegen Frauen kannst du dich telefonisch oder online beraten lassen. Das Unterstützungsangebot ist kostenlos, anonym, sicher, barrierefrei und auf verschiedenen Sprachen möglich.

Die aktuellen Sprechzeiten sowie weitere Informationen findest du auf **www.hilfetelefon.de**.

Hilfetelefon Gewalt an Männern: 0800 123 9900

Beim Hilfetelefon Gewalt an Männern kannst du dich telefonisch oder online beraten lassen. Das Unterstützungsangebot ist kostenlos und anonym.

Die aktuellen Sprechzeiten sowie weitere Informationen findest du auf **www.maennerhilfetelefon.de**.

Lou&You

Lou ist ein digitaler Begleiter für Betroffene von sexualisierter oder häuslicher Gewalt. Die Webseite hilft dir dabei, Informationen sowie Unterstützung zu finden, das Geschehene zu verarbeiten, Erlebtes zu dokumentieren und – wenn du möchtest – rechtliche Schritte einzuleiten. Auch als Vertrauensperson kannst du Lou nutzen.

Das Unterstützungsangebot ist kostenlos, anonym, barrierefrei, diskriminierungssensibel und intersektional: Auch und gerade dann, wenn du zum Beispiel von Rassismus, LGBTQIA+-Feindlichkeit, Antisemitismus und/oder Ableismus betroffen bist, findest du hier Hilfe.

Die Webseite befindet sich momentan noch in der Entwicklungsphase, kann aber bereits genutzt werden und soll im August 2022 fertiggestellt sein. Auch eine App ist in Planung. Weitere Informationen findest du auf **de.louandyou.org**.

Hilfsangebote für Betroffene von Online-Belästigung

HateAid: 030 252 088 38

HateAid berät und unterstützt dich, wenn du online beleidigt, verleumdet oder bedroht wirst. Du kannst dich zum Festnetzpreis telefonisch oder online mit der Betroffenenberatung in Verbindung setzen. Über das Meldeformular kannst du außerdem Vorfälle melden, wenn du nicht selbst betroffen bist. Das Unterstützungsangebot ist kostenlos.

Die App Meldehelden gibt es für iOS im App Store und für Android auf Google Play. Die aktuellen Sprechzeiten sowie weitere Informationen findest du auf **www.hateaid.org**.

Hassmelden

Auf Hassmelden kannst du Hass im Netz melden. Dazu musst du nur den Link zum Beitrag angeben und einen Screenshot hochladen. Deine Meldung wird dann geprüft und angezeigt, wenn sie strafrechtlich relevant ist. Das Unterstützungsangebot ist kostenlos und anonym, solange im Screenshot keine persönlichen Daten enthalten sind.

Weitere Informationen findest du auf **www.hassmelden.de**.

respect!

Bei respect! kannst du Hass im Netz melden. Dazu beschreibst du den Vorfall, gibst den Link zum Beitrag an und lädst einen Screenshot hoch. Verstößt ein Beitrag gegen das deutsche Recht, beantragt respect! die Löschung. In Fällen von Volksverhetzung wird eine Strafanzeige gestellt. Über eine Ticketnummer und die Angabe deiner E-Mail-Adresse kannst du dich über den Bearbeitungsstand deiner Meldung informieren. Das Unterstützungsangebot ist kostenlos.

Weitere Informationen findest du auf
www.meldestelle-respect.de.

dickstinction

Wenn du ohne dein Einverständnis ein Dick Pic erhalten hast,
hilft dir dickstinction dabei, unkompliziert eine Strafanzeige zu
stellen. Das Unterstützungsangebot ist kostenlos und anonym.
Weitere Informationen findest du auf **www.dickstinction.com**.

Allgemeine Beratungsangebote

Weißer Ring: 116 006

Das Beratungsangebot Weißer Ring unterstützt Betroffene von
Kriminalität und Gewalt. Du kannst dich telefonisch, online
oder persönlich vor Ort beraten lassen. Das Unterstützungsangebot ist kostenlos und anonym.
Die aktuellen Sprechzeiten sowie weitere Informationen findest
du auf **www.weisser-ring.de**.

JugendNotmail

Bei JugendNotmail kannst du dich zu jedem Thema von ehrenamtlichen Psycholog:innen und Sozialpädagog:innen online
beraten lassen. In moderierten Themenchats kannst du auch in
einer Gruppe darüber sprechen, was dich beschäftigt. Das
Unterstützungsangebot ist kostenlos, anonym und richtet sich
an Kinder und Jugendliche bis 19 Jahre sowie junge Erwachsene
zwischen 20 und 26 Jahren.
Die aktuellen Sprechzeiten sowie weitere Informationen findest
du auf **www.jugendnotmail.de**.

Krisenchat

Beim Krisenchat findest du professionelle Ersthilfe, wenn du in einer schwierigen Situation steckst. Du kannst dich über die Webseite, per SMS oder über WhatsApp beraten lassen. Außerdem bietet die Webseite unter »Oase« einen digitalen Safespace, wo du zum Beispiel Meditationen und Atemübungen mitmachen kannst. Das Unterstützungsangebot ist kostenlos, anonym und richtet sich an Kinder, Jugendliche und junge Erwachsene bis 25 Jahre.

Die aktuellen Sprechzeiten sowie weitere Informationen findest du auf **www.krisenchat.de**.

Kinder- und Jugendtelefon »Nummer gegen Kummer«: 116 111

Beim Kinder- und Jugendtelefon »Nummer gegen Kummer« kannst du telefonisch oder online darüber sprechen, wenn dich etwas beschäftigt. Das Unterstützungsangebot ist kostenlos und anonym.

Die aktuellen Sprechzeiten sowie weitere Informationen findest du auf **www.nummergegenkummer.de/kinder-und-jugendberatung**.

Elterntelefon »Nummer gegen Kummer«: 0800 111 0550

Das Elterntelefon »Nummer gegen Kummer« richtet sich an Erziehende, die sich um ihr Kind sorgen oder Fragen haben. Du kannst dich hier zu verschiedenen Themen beraten lassen. Das Unterstützungsangebot ist kostenlos und anonym.

Die aktuellen Sprechzeiten sowie weitere Informationen findest du auf **www.nummergegenkummer.de/elternberatung**.

Glossar

able-bodied Der englische Begriff »able-bodied« bezeichnet Menschen, die keine Behinderung haben.

Ableismus/ableistisch Der aus dem Englischen entliehene Begriff »Ableismus« bezeichnet die Diskriminierung von behinderten Menschen aufgrund ihrer Behinderung.

agender Personen Das Adjektiv »agender« bezeichnet Personen, die sich mit gar keinem Geschlecht identifizieren, kein Geschlecht haben oder für deren Identität Geschlecht keine Rolle spielt.

cis/cisgender Personen Das Adjektiv »cis« bezeichnet Personen, die sich mit ihrem biologischen Geschlecht identifizieren bzw. mit dem Geschlecht, das ihnen aufgrund ihrer angeborenen Körpermerkmale zugeschrieben wird.

cis-hetero Das Adjektiv »cis-hetero« bezeichnet cis Personen mit einer heterosexuellen und/oder heteroromantischen Orientierung.

diversgeschlechtliche Personen Der Begriff »diversgeschlechtlich« bezeichnet Personen, die sich nicht ausschließlich als männlich oder weiblich identifizieren.

Fetischisierung Der Begriff »Fetischisierung« bezeichnet die Objektifizierung und Sexualisierung einer Person aufgrund eines bestimmten Merkmals, zum Beispiel weil sie eine bestimmte Hautfarbe hat. Menschen, die fetischisiert werden, werden nicht nur auf ihren Körper, sondern darüber hinaus auf ein bestimmtes Merkmal reduziert.

FLINTA* Das Akronym »FLINTA*« steht für Frauen, Lesben, inter Personen, nicht-binäre Personen, trans Personen, agender Personen und unter dem * alle Menschen, die sich mit keiner der genannten Geschlechtsidentitäten identifizieren und die nicht cis männlich sind. Häufig sind FLINTA*-Personen auch mehrfach marginalisiert; zum Beispiel können lesbische Frauen sowohl aufgrund ihrer Geschlechtsidentität als auch ihrer sexuellen Orientierung Diskriminierung erfahren.

Gender Der Begriff »Gender« bezeichnet nicht das biologische, sondern das soziale Geschlecht. Das biologische Geschlecht ist das, was einer Person aufgrund der Geschlechtsmerkmale zugewiesen wird. Das soziale Geschlecht bezeichnet das, womit sich eine Person identifiziert.

Geschlechtsidentität Der Begriff »Geschlechtsidentität« bezeichnet das Geschlecht, mit dem sich eine Person identifiziert. Die Geschlechtsidentität kann, aber muss nicht mit dem biologischen Geschlecht übereinstimmen.

Heteronormativität/heteronormativ Der Begriff »Heteronormativität« bezeichnet ein binäres Geschlechtersystem, also eines, in dem es nur zwei Geschlechter gibt. Dieses System geht zudem davon aus, dass die Geschlechtsidentität einer Person mit dem biologischen Geschlecht übereinstimmt und sie sich vom anderen Geschlecht sexuell angezogen fühlt – dass also alle Menschen heterosexuell sind.

inter/intergeschlechtliche/intersexuelle Personen Das Adjektiv »inter« bezeichnet Personen, deren Geschlechtsmerkmale nicht eindeutig dem männlichen oder weiblichen Geschlecht zugeordnet werden können. Mit welchem Geschlecht sich inter Personen identifizieren, ist unterschiedlich.

Intersektionaler Feminismus Der Begriff »intersektionaler Feminismus« bezeichnet eine Form von Feminismus, die anerkennt, dass Menschen aufgrund mehrerer Aspekte Diskriminierung erfahren können. Daher setzt sich diese Form nicht nur für cis Frauen ein, sondern für alle Menschen, die in patriarchalischen Gesellschaften diskriminiert werden. Geprägt hat den Begriff »Intersektionalität« die US-amerikanische Juristin Kimberlé Crenshaw. Darin enthalten ist das englische Wort »intersection«, auf Deutsch »Straßenkreuzung«. Intersektionalität drückt also aus, dass sich verschiedene Diskriminierungskategorien kreuzen und Betroffene deshalb mehrfach diskriminiert werden können.

LGBTQIA+ Der Begriff »LGBTQIA+« setzt sich zusammen aus den englischen Begriffen »lesbian«, »gay«, »bisexual«, »transgender«, »queer«, »intersex«, »asexual«, »aromantic« und »agender«. Das + steht für weitere sexuelle Orientierungen und Geschlechtsidentitäten. Die Buchstaben werden manchmal auch anderen Begriffen zugeordnet, dies ist aber die geläufigste Lesart. Der Begriff bezeichnet also verschiedene queere sexuelle Orientierungen und Geschlechtsidentitäten.

Locker Room Talk Der Begriff »Locker Room Talk« bezeichnet im Englischen sexistische Gespräche, die Männer über Frauen in deren Abwesenheit führen. Oft wird er benutzt, um Sexismus herunterzuspielen und auszudrücken, dass es sich bei diesen Gesprächen um vermeintlich harmlose Witze handelt.

Male Gaze Der englische Begriff »Male Gaze« bezeichnet eine cis männliche, heterosexuelle Perspektive, aus der weiblich gelesene Personen hauptsächlich als Sexobjekte wahrgenommen werden. Das bedeutet, dass der Male Gaze die Körper von weiblich gelesenen Personen objektifiziert und sexualisiert, indem er sie zu Objekten für cis männliche, heterosexuelle Begierde macht.

männlich gelesene Personen Der Begriff »männlich gelesen« bezeichnet Personen, die aufgrund äußerer Merkmale in einem binären Geschlechtersystem als männlich wahrgenommen werden. Dabei geht es also um eine Zuschreibung von außen. Wie eine Person gelesen wird, muss weder mit ihrem biologischen Geschlecht noch ihrer Geschlechtsidentität übereinstimmen.

Marginalisierung/marginalisiert Der Begriff »marginalisiert« bezeichnet sozial unterdrückte Gruppen, die als gesellschaftliche »Randgruppen« betrachtet werden. Marginalisierte Gruppen erfahren häufig Benachteiligung und Diskriminierung. Wenn Personen mehreren marginalisierten Gruppen angehören, sind sie mehrfach marginalisiert.

Misogynie Der Begriff »Misogynie«, auch Frauenfeindlichkeit, bezeichnet eine feindliche Einstellung gegenüber weiblich gelesenen Personen.

nicht-binäre/non-binary Personen Das Wort »binär« kommt aus dem Lateinischen und bedeutet »zweifach«. Ein binäres Geschlechtersystem geht also davon aus, dass es zwei Geschlechter gibt: »Mann« und »Frau«. Es gibt aber mehr als nur zwei Geschlechter. Der Begriff »nicht-binär«, auf Englisch »non-binary«, bezeichnet Personen, die sich nicht im binären Geschlechtersystem einordnen, also weder ein cis Mann noch eine cis Frau sind. Der Begriff »nicht-binär« kann dabei sowohl ein Sammelbegriff für mehrere Identitäten sein als auch eine eigene Geschlechtsidentität bezeichnen.

normschön Der Begriff »normschön« bezeichnet Personen, deren Aussehen dem gesellschaftlichen Schönheitsideal entspricht.

Objektifizierung Der Begriff »Objektifizierung« bezeichnet die Behandlung von Personen, als seien sie Objekte und keine Menschen. Sie werden dadurch entmenschlicht und entwürdigt.

Patriarchat/patriarchalisch Der Begriff »Patriarchat« bezeichnet nicht etwa eine Gesellschaft, in der Macht ausschließlich von Männern ausgeübt wird, sondern eine gesellschaftliche Ordnung, in der die Machtstrukturen männlich geprägt sind. Dies ist zum Beispiel dann der Fall, wenn vor allem Männer Machtpositionen innerhalb einer Gesellschaft innehaben.

People of Colour Der englische Begriff »People of Colour« wird als Selbstbezeichnung von Personen verwendet, die rassistische Diskriminierung erfahren, weil sie von einer *weißen* Mehrheitsgesellschaft als nicht-*weiß* wahrgenommen werden.

polyamourös/Polyamorie Der Begriff »polyamourös« bezeichnet Personen, die mehrere romantische/sexuelle Beziehungen im Einvernehmen mit allen beteiligten Personen haben.

promiskuitiv/Promiskuität Der Begriff »promiskuitiv« bezeichnet Personen, die wechselnde oder mehrere Sexualpartner:innen haben.

Queerness/queer Der englische Begriff »queer« bezeichnet trans und nicht-binäre Geschlechtsidentitäten und nicht heteronormative sexuelle Orientierungen. Der Begriff kann sowohl ein Sammelbegriff für mehrere Identitäten sein als auch eine eigene Identität bezeichnen. Nicht zu verwechseln ist der Begriff mit dem deutschen Wort »quer«.

Rape Culture Der englische Begriff »Rape Culture« bezeichnet nicht etwa eine Kultur, in der sexualisierte Gewalt offen gutgeheißen wird, sondern eine Gesellschaft, die sexuell übergriffiges Verhalten und die Auswirkungen davon entschuldigt, verharmlost und so toleriert.

Revenge Porn Der englische Begriff »Revenge Porn«, auf Deutsch auch »Racheporno«, bezeichnet pornografische Bilder oder Videos, die ohne das Einverständnis der betroffenen Person und mit dem Ziel, an ihr Rache zu nehmen, verbreitet werden.

sexualisierte Belästigung/sexualisierte Gewalt Der Begriff »sexualisiert« bezeichnet als Motivation hinter sexuellen Übergriffen eine Machtausübung oder Machtdemonstration mit sexuellem Bezug. Es geht dabei also nicht oder nicht primär um sexuelle Befriedigung. Catcalling im Sinne von verbaler Belästigung ist ein klassisches Beispiel, da dadurch keine sexuellen Bedürfnisse befriedigt werden, sondern Macht ausgeübt oder demonstriert wird.

Sexualisierung Der Begriff »Sexualisierung« bezeichnet die sexuelle Objektifizierung einer Person. Dabei wird diese Person nicht nur objektifiziert, entmenschlicht und entwürdigt, ihr wird darüber hinaus eine primär sexuelle »Funktion« zugeschrieben. Sie wird auf einen Körper reduziert, der die sexuellen Bedürfnisse einer anderen Person erfüllt.

sexuelle Orientierung Der Begriff »sexuelle Orientierung« bezeichnet sexuelle Anziehung, also von wem sich eine Person sexuell angezogen fühlt. Dabei kann das Geschlecht der anderen Person eine Rolle spielen, muss es aber nicht. Zu unterscheiden ist die sexuelle Orientierung von der romantischen; diese sind zwar oft, aber nicht immer deckungsgleich.

Slut Shaming Der englische Begriff »Slut Shaming«, auf Deutsch etwa »Schlampen-Beschämen«, bezeichnet die ausdrückliche oder unausgesprochene Beleidigung von weiblich gelesenen Personen als »Schlampen« (oder Ähnliches), wenn sie zum Beispiel vermeintlich freizügige Kleidung tragen, sexuell aktiv sind, wechselnde Sexualpartner:innen haben oder als Sexarbeiter:innen tätig sind. Slut Shaming entwürdigt weiblich gelesene Personen, die nicht den gesellschaftlichen Vorstellungen von sexueller »Reinheit« entsprechen. Unausgesprochen, aber sehr deutlich erkennbar, ist dabei die Vorstellung, dass eine als »Schlampe« bezeichnete oder dargestellte Person weniger wert ist – und es deshalb »nicht so schlimm« ist, wenn sie sexuelle Übergriffe erfährt.

trans/transgender Personen Das Adjektiv »trans« bezeichnet Personen, die sich nicht mit dem Geschlecht identifizieren, das ihnen bei der Geburt zugewiesen wurde. Zum Beispiel wurden trans Männer bei ihrer Geburt nicht dem männlichen Geschlecht zugeordnet und trans Frauen nicht dem weiblichen

Geschlecht. Der Begriff »trans« kann dabei sowohl ein Sammelbegriff für mehrere Identitäten sein als auch eine eigene Geschlechtsidentität bezeichnen.

Upskirting Der englische Begriff »Upskirting« bezeichnet die Aufnahme eines Fotos unter den Rock einer Person. Seit 2021 wird Upskirting in Deutschland nach §184k StGB (Verletzung des Intimbereichs durch Bildaufnahmen) mit Freiheitsstrafe bis zu zwei Jahren oder Geldstrafe bestraft.

Victim Blaming/Täter:innen-Opfer-Umkehr Der englische Begriff »Victim Blaming« bezeichnet Aussagen und Denkweisen, die vom eigentlichen Fehlverhalten ablenken und stattdessen der betroffenen Person die Schuld geben. Ihr wird dabei vorgeworfen, dass sie sich falsch verhalten und den Übergriff so herausgefordert, verdient oder sogar gewollt habe. So wird das Verhalten des:der Täters:in entschuldigt.

weiblich gelesene Personen Der Begriff »weiblich gelesen« bezeichnet Personen, die aufgrund äußerer Merkmale in einem binären Geschlechtersystem als weiblich wahrgenommen werden. Dabei geht es also um eine Zuschreibung von außen. Wie eine Person gelesen wird, muss weder mit ihrem biologischen Geschlecht noch ihrer Geschlechtsidentität übereinstimmen.

Whataboutism Der englische Begriff »Whataboutism« bezeichnet ein rhetorisches Ablenkungsmanöver, bei dem die andere Seite beschuldigt wird, einen Aspekt des Problems zu vernachlässigen oder absichtlich außer Acht zu lassen: »Und was ist mit xyz?« Durch diesen Vorwurf der Heuchelei sollen Aussagen widerlegt werden, ohne dass man sich inhaltlich mit ihnen auseinandersetzen muss. Beispielsweise ist in Gesprächen zu sexualisierter Gewalt an Frauen der Einwurf, dass Männer ebenfalls von sexuellen Übergriffen betroffen sind, ein Beispiel für Whataboutism.

Bildrechte

Chalk Back Logo © Sophie Sandberg

Ganz lieben Dank an alle *Chalk Back* Accounts & Fotograf:innen, die Bilder beigetragen haben: S.11, 66, 69, 77, 101, 149 Catcalls of Aachen, Bildnachweis: A. Zolper; S.187, 188, 189, 189 Catcalls of Augsburg, Bildnachweis: Aylin; S.15, 17, 20, 24, 24, 28, 32, 69, 72, 72, 73, 79, 80, 81, 84, 96, 97, 104, 118, 118, 140, 141, 153, 157, 206 Catcalls of Berlin, Bildnachweis: Hannah Klümper; S.158, 238 Catcalls of Berlin, Bildnachweis: Ingy El Ismy; S.5, 164 Catcalls of Berlin, Bildnachweis: Lena Schwerdtfeger; S.5, 164 Catcalls of Berlin, Bildnachweis: Lynn Pruß; S.10 Catcalls of Bharat & West Bengal, Bildnachweis: Anshika Rai; S.21, 23 Catcalls of Bochum, Bildnachweis: Janna Gentz; S.14, 16, 42, 45, 96, 182 Catcalls of Bonn, Bildnachweis: Franziska Peil; S.14, 17, 97 Catcalls of Bremen, Bildnachweis: Emma P.; S.11, 81, 148 Catcalls of Braunschweig, Bildnachweis: Eva Rabbe & Han Pham; S.26, 157 Catcalls of Brühl, Bildnachweis: B.N.; S.9 Catcalls of Buenos Aires, Bildnachweis: Natalia Miranda; S.26, 74, 79, 173 Catcalls of Cologne, Bildnachweis: Maresa; S.14 Catcalls of Cottbus, Bildnachweis: Jessica Nowy; S.68, 87 Catcalls of Darmstadt, Bildnachweis: Eske Domning; S.1, 9, 12 Catcalls of Dominican Republic, Bildnachweis: Rosalía Piña Vélez; S.38, 80 Catcalls of Düsseldorf, Bildnachweis: Lena Schmees; S.22, 67, 78, 87, 155 Catcalls of Essen, Bildnachweis: Kim Ruhrmann; S.16 Catcalls of Esslingen, Bildnachweis: Maria Almpanti; S.10 Catcalls of Florence, Bildnachweis: Emma Pappalardo; S.39 Catcalls of Freiburg, Bildnachweis: Sandra Emrich; S.17 Catcalls of Gießen, Bildnachweis: Madlen Schmidt; S.24, 32, 42, 66, 78, 86, 138, 193, 199, 204, 238 Catcalls of Göttingen, Bildnachweis: Lena Schneide; S.10 Catcalls of Guatemala, Bildnachweis: Jenni Velásquez; S.165 Catcalls of Hagen, Bildnachweis: Alex; S.136, 137, 238, 238 Catcalls of Hannover, Bildnachweis: Christina Carstens; S.5, 11, 21, 23, 38, 39, 75, 84, 98, 146, 146, 147, 147, 149, 149, 150, 150, 152, 152, 152, 152, 153, 153, 154, 155, 155, 156, 157 Catcalls of Hannover, Bildnachweis: Lisanne Richter; S.238 Catcalls of Hannover, Bildnachweis: Lucie von Gierke; S.137, 144 Catcalls of Hannover, Bildnachweis: Susanne Haupt; S.5, 154 Catcalls of Hildesheim, Bildnachweis: Julia Hasler; S.20, 168, 238 Catcalls of Karlsruhe, Bildnachweis: Linnea Gehlert; S.17, 17, 208 Catcalls of Kiel, Bildnachweis: Katharina Jonas; S.138, 209 Catcalls of Leer/Papenburg, Bildnachweis: Wiebke Brinkmann; S.148, 191 Catcalls of Leipzig, Bildnachweis: Indra Rameil; S.76, 138 Catcalls of Leoben, Bildnachweis: Stephanie Gaberle; **S. 99, 194** Catcalls of London, Bildnachweis: Farah Benis; **S. 35, 157** Catcalls of Mainz, Bildnachweis: Sophie Müller; **S. 11, 67** Catcalls of Marburg, Bildnachweis: Elisa Kellmann; **S. 151** Catcalls of Münster, Bildnachweis: Teresa S.; **S. 11, 14, 137, 161, 219** Catcalls of Nürnberg, Bildnachweis: Dina Davidova; **S. 15** Catcalls of Osnabrück, Bildnachweis: Lena Ferle; **S. 10** Catcalls of Oxford, Bildnachweis: Olivia Coombs; **S. 68** Catcalls of Passau, Bildnachweis: Hannah Jäger; **S. 10** Catcalls of UWI, Bildnachweis: Kelsie Joseph; **S. 87** Catcalls of Wilhelmshaven, Bildnachweis: Greta Aye; **S. 5** Chalk Back, Bildnachweis: Sophie Sandberg; **S. 6** Chalk Back, Bildnachweis: Alex Brook Lynn

Außerdem ein großes Dankeschön dafür, dass diese Konzepte verwendet werden dürfen: **S. 95** Rape-Culture-Pyramide von 11th Principle: Consent!, mit freundlicher Genehmigung von Jaime Chandra; **S. 139** Catcalls Bullshit Bingo von Chalk Back, mit freundlicher Genehmigung von Sophie Sandberg.

2022 dtv Verlagsgesellschaft mbH & Co. KG, München
©Hannah Klümper
Umschlaggestaltung: buxdesign
Grafiken: Carolin Liepins
Wir danken den verschiedenen Accounts für die freundliche
Genehmigung zum Abdruck diverser Fotos. Eine genaue Quellenangabe
findet sich ab S. 254.
Wir danken 11th Principle: Consent! für die freundliche Genehmigung
der Verwendung des Konzepts der Rape-Culture-Pyramide auf S. 95.
Wir danken Chalk Back für die freundliche Genehmigung
der Verwendung des Konzepts des Bullshit Bingos auf S. 139.
Layout und Satz: www.zweiband.de
Gesetzt aus der Skolar Latin
Druck und Bindung: Litotipografia Alcione S. r. l.
Printed in Italy · ISBN 978-3-423-74079-1